做有影响力的图书

CongLing KaiShi DuDong
JinRongXue　威斯金◎著

从零开始读懂
金融学

台海出版社

图书在版编目（CIP）数据

从零开始读懂金融学／威斯金著 . -- 北京：台海
出版社，2018.1

ISBN 978-7-5168-1706-3

Ⅰ.①从… Ⅱ.①威… Ⅲ.①金融学－通俗读物
Ⅳ.① F830-49

中国版本图书馆 CIP 数据核字（2017）第 315824 号

从零开始读懂金融学

著　者：威斯金

责任编辑：王　萍　赵旭雯　　　　责任印制：蔡　旭
出版发行：台海出版社
地　　址：北京市东城区景山东街 20 号　　邮政编码：100009
电　　话：010-64041652（发行，邮购）
传　　真：010-84045799（总编室）
网　　址：www.taimeng.org.cn/thcbs/default.htm
E－m a i l：thcbs@126.com

印　　刷：三河市嘉科万达彩色印刷有限公司
开　　本：710 毫米 ×1000 毫米　1/16
字　　数：186 千字
印　　张：17
版　　次：2018 年 2 月第 1 版
印　　次：2018 年 2 月第 1 次印刷
书　　号：ISBN 978-7-5168-1706-3
定　　价：42.00 元

前 言
PREFACE

这是一个金融的世界，人人难以置身其外。

不管你愿意或不愿意，都需要懂些金融学。

不要以为这只是金融家、银行家或专家学者的事，而离自己很遥远。实际上，从银行储蓄到刷卡消费，从物价上涨到利率调整，从国债投资到贷款买房，从股票、基金、黄金投资理财到外汇、期货投机……这些都是金融问题或与金融有关的问题，天天和我们打交道，关乎着我们每个人的切身利益。

金融在一般大众的印象中是神秘、复杂、难懂的，许多人一提到金融学就会想到复杂的理论、高深的原理以及抽象的数学符号，其实这是一种误解。金融学并不像遥挂在天边的彩虹，可望而不可及，而是与现实生活息息相关、不可分离、妙趣横生的事实。消费、投资、理财、融资、借贷……每个事件的背后其实都有一定的金融法则可循，是运用金融学规律进行的选择和取舍。

富商大贾研究金融，是缘于财富蕴藏其中，选对了路子可以轻松赚大钱；中产阶级关注金融，是缘于如何预防其资产缩水；步入小康的家庭学习金融，是缘于思考如何让钱生钱，令生活更美好；资本薄弱的"穷人"对金融产生浓厚兴趣，是缘于期望有朝一日抓住金融市场机遇，从"负翁"摇身一变成"富翁"。而这一切，完全取决于对相关金融知识和技巧的掌握、分析、理解和运用上。

毋庸置疑，关注金融就是关注自己的未来，懂些金融知识必不可少！也许你之前对金融一窍不通，也不知从何入手，但没有关系，你完全可以从这一本书开始学起。也许你会说，自己完全可以向金融专业人士如银行家、证券分析师、保险代理人等求助，获取专业化的服务，但关键的问题在于：你可能向不同的专家咨询，每个专家也可能会给你提供多种选择，那么，此时你又如何评价这些建议的价值，进而做出最佳选择呢？

所以，我们一定要了解金融学，知道一些常识性的金融知识。从小的角度来说，这有助于我们在金融生活中做出更好的决策，规划自己的生活；从大的角度来看，有助于我们更准确、更全面、更透彻地认识金融体系，解读发生在我们身边的金融现象，了解世界经济究竟是怎么运作的。

金融的问题有千千万，但金融的基本原理却不多，与其每次遇到不同形式的金融问题都心急火燎地向他人求助或临时抱佛脚，还不如拿出一点业余时间来学习金融的基本原理，把握其来龙去脉。花几个小时看透事物本质的人，和花一辈子都看不清事物本质的人，注定是截然不同的命运，你愿意做哪一种人？

本书撇开那些高深的金融理论，讲述了最常用的金融学知识，从必知的金融理论到金融机构、金融市场，从通货膨胀到利率、汇率，从金融危机到金融融资，从金融投资到资本运作、负债理财。本书将这些金融知识有机地串联到一起，系统讲述了金融学

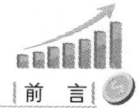

的基本理论知识及其在现实生活中的应用。

相信，你将迅速学会用金融学的思维去观察、剖析遇到的种种金融学现象，同时将学会如何解释国家的经济或金融政策，如何投资以增加自己的财富积累。除此之外，它们还能够让你找到一种强有力的致富工具。当你在深谙金融学的基础上，将手上的资金合理分配后，"一个亿"的小目标或许也能实现。

目 录
PREFACE

我们生活在一个"金融时代",有人的地方就有金融的存在。金融是资金的融通,是资金的流动,没有钱是万万不能的。那么,钱为什么这么重要呢?为什么我们可以用这一张纸就能换取需要的商品呢?要想搞清楚这一金融现象,我们先得看透钱的本质才行。

第二章 是"胀"还是"缩"？

许多人都感叹赚钱难、花钱快，钱越来越不值钱。为什么钞票的购买力总是在浮动？虽然这种现象看似令人很费解，但隐藏在这背后的其实就是货币的升值与贬值。货币的价值受多种因素的影响，理解了通货量、GDP、基尼系数等，就不再云里雾里看不懂。

第三章 谁是金融大捕手？

古往今来，人人都想家财万贯，荣华富贵。可是，事与愿违，有的人会倾家荡产，甚至家破人亡。因为金融世界中充满机遇，也并存着风险。风险具有传染性，局部金融风险的爆发，很容易形成全局性的系统性风险，因此必须未雨绸缪早打算，早明白早受益。

第四章　钱是如何滚雪球的？

资金的闲置是一种无形的浪费，那些聪明人士都会让闲置的资金滚动起来，让钱生钱，让利滚利，自己躺着就可以赚钱。虽然你不是一个专业的投资者，但完全可以通过资金的融通，通过基金、股票、保险、外汇等投资，及时把握、利用每一个可能的获利机会。

如今没几个人会把所有钱放在家里，或保险柜里，而是会投向各种各样的金融机构，比如存在银行吃利息、购进股票等"升值"、投入保险享分红等。那么，当我们将钱投放到这些金融机构之后，又是谁在管理我们的钱呢？不同机构各有千秋，先了解再选择也不迟。

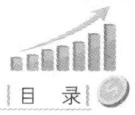

市场是价格调节供求的游戏，各国央行手中的利率"魔杖"会对资本市场产生"点石成金"的神奇效果，具有资源配置诱导、政策信号显示、主体行为约束、经济运行杠杆等功能。为什么利率具有如此大的魔力? 弄懂利率杠杆的奥秘所在，一切你就明白了。

第七章　美元的霸主地位是如何炼成的?

金融是现代经济的核心，美元是国际金融的核心，它傲视群雄把全球货币玩弄于股掌之中，以霸主地位"绑架"着其他国家和经济体。那么，美国用了怎样的手段、下了多大的力气，使美元由弱到强，成为世界主要流通货币的? 美国又是如何成功使美元实现了权利最大化和义务最小化?

第八章　如何才能不让血汗钱"不打漂"？

金融市场处处充满着诱惑，很多人都想用最小的代价去获得最多的利益，甚至期盼着能一朝暴富，不劳而获。在金融活动中，充斥着诸如垄断、欺诈、投机等之类的事情……如今，金融体系比任何时候都更加需要监管。如何科学监管、在监管的同时保证金融发展和金融创新，保证不压制效率、不压制金融发展都是更需要花心思去探索的。

第九章　今天你透支了吗？

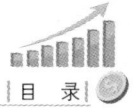
信用是依附在人、单位和商品交易之间形成的一种相互信任的生产关系和社会关系。你从别人手里能借到金钱数量，就是别人给你的信用额度。你的银行卡可以透支多少，那就是你在银行的信用。信用体系是现代金融体系的基石，信用可立可破，就看你怎么做。

第十章　如何玩转个人理财?

"攻城不易，守城更难"，面对不断调整的物价和利率，我们该如何保护自己辛辛苦苦赚来的血汗钱，使手中的财富升值呢?你不理财，财不理你。财富不会自己上门来找你，这就需要我们经得起诱惑，看得清行情，抓得住机会，千万别让理财流于形式。

 # 第一章　钱到底是什么？

——金融的博弈实质就是货币的博弈

　　我们生活在一个"金融时代"，有人的地方就有金融的存在。金融是资金的融通，是资金的流动，没有钱是万万不能的。那么，钱为什么这么重要呢？为什么我们可以用这一张纸就能换取需要的商品呢？要想弄清楚这一金融现象，我们先得看透钱的本质才行。

第一节　在货币的世界里，一切向"钱"看

　　货币，也就是钱，每天都要从一些人的手中流通到另一些人的手中。人们将自己手中的钱交出去，换来各种各样的商品，又出卖自己的劳动力或者商品，换成钱。有许多人都曾想过，为什么一张薄薄的纸片可以换来各种各样的东西呢？钱本身究竟有什么价值呢？

　　钱，也就是货币，能够换取其他的商品，自然是有价值的。简单地说，货币就是从商品中分离出来的固定地充当一般等价物的商品，是商品交换发展到一定阶段的产物。也就是说，货币就是一般等价物。货币并非在人类生活开始就存在了，而是随着生产力的提高而出现的。原始社会初期，生产力低下，人们为了生存群居在一起，所有的产品都用于维持生计，没有剩余产品。随着人类社会不断进步，生产力不断提高，产品也开始有所剩余。那么，这部分剩余的商品就被拿来交换自己需要的商品，如有人需要兽皮，有人需要石器，那么双方就会进行交换，各取所需。

　　原始社会后期，人们为了提高生产力，改变了生产方式，进行了社会分工。有些人从事农业活动，有些人从事畜牧业活动，单一的生产方式注定了获得的产品也十分单一，所以商品交换越

来越多，交换的范围也就越来越大。与此同时，商品也开始显示出其价值，不再是简单的一件商品交换一件商品，有价值的商品一件可以交换多件商品。

此时还没有出现货币，所以商品交换时，往往难以判断双方之间是否完全对等，此时迫切需要一种能够作为一般等价物的商品。所有的商品在进行交换之前都需要和一般等价物进行比较，才能准确地判断其价值大小，这时的一般等价物就是货币了。

货币也不是一成不变的，被作为一般等价物的货币往往会因为生产力的快速发展变得容易获得，渐渐失去了其价值。所以，随着生产力的提高，市场的发展，货币也在不断地变化，这种变化可以看作从低级向高级的发展。

最开始的时候，货币是由实物充当的，这些实物通常具有良好的流通价值，是市场上颇受欢迎的商品，如兽皮、陶瓷、牲畜等。但是这些商品又有着明显的缺点，那就是不方便携带，质地不均匀，难以保存，难以比较等。后来，人们发现了贝壳，贝壳在当时作为一般等价物是具有很多优点的。首先，贝壳是一个一个的，非常易于计数比较；其次，贝壳的质地非常坚硬，耐磨损，利于长期保存；再次，贝壳的数量不多，在当时是名贵的装饰品；最后，贝壳十分方便携带。于是，贝壳成为充当一般等价物的商品，也就是货币。在古代的汉字中可以体现出这一点，凡是与金钱有关的字，都带有"贝"字，如财、贫、资、贵等。

随着商品交换的数量越来越大，少量的贝壳已经不足以充当一般等价物满足人们的需要了，所以，人们开始寻找新的一般等价物。这个时候，人类已经掌握了金属冶炼技术，金属同样具有

耐磨、耐腐蚀的特点，并且容易分割、铸造，体积小，价值高。于是，世界上的文明国家在进行货币演化时不约而同地使用了金属作为新的一般等价物。

我国最早的金属货币出现在商朝晚期，此时人们已经掌握了青铜冶炼技术。在贝壳的数量越来越不足以充当货币时，人们开始将青铜铸造成贝壳的样子进行贸易。随着青铜产量的提高，人们开始觉得青铜铸造的贝壳比真正的贝壳更加好用，于是使用范围就越来越广，流通成了真正的货币。

在秦朝统一铸币造型之前，金属铸币的造型多种多样，有刀币、铲币、贝币等。秦始皇统一六国后，废除了造型多样的货币，铸造了圆形方孔钱，作为通用货币使用。而金属铸币在中国流通了 2000 多年，在这段时间里，主要以铜铸币作为主要货币，在铜之上还有更加贵重的银和金作为货币。

我们今天使用的货币是纸质货币，这也间接说明了金属铸币存在着自身的局限性。金属铸币的缺点也是随着生产力的弊端发展而暴露出来的，最主要的缺点就是金属的储存量和开采量不足以满足商品交换的数量。金属是不可再生资源，储存量毕竟有限，商品交换的数额在不断增长，而金属的储存量却不会增长。金属的密度很大，所以当进行大量商品交换时，所需要用到的金属铸币的质量是惊人的。而金属在铸造时也会产生磨损，越是珍贵的金属，在使用时的磨损越是巨大。以黄金为例，在人们使用黄金作为货币的这些时间里，约有 20000 吨的黄金磨损在人们手中。为了改善这些弊端，人们开始使用纸币作为货币，而纸币是作为金属货币的象征而诞生的。

最早的货币是北宋时期出现的交子。当时在四川有一些地方割据势力，北宋将其消灭后，为了防止作为铸币的铜流入四川，发布了"禁止铜钱入川"的禁令。当地人没有铜钱可以使用，官方铸造了价值更低的铁钱在四川流通。铁钱的价值低，但重量却很大。曾有学者计算，在当时买一匹布，居然要用500斤的铁钱。

为了方便贸易，商人们想出了一个办法，那就是联合起来，用手中的铁钱作为保证，发行纸质的交子作为交易凭据。"交子"二字，就是交易凭证的意思。交子的出现保证了四川地区的商业发展，人们还发现纸质货币极大地弥补了金属铸币的不足。可惜的是，由于条件的局限性，交子还是有着很大的缺点的。如果没有金属货币作为保证，交子无法兑换现钱，那么就不会有人相信交子，交子失去了信用，也就不会有人使用了。

纸币本身并不具有价值，纸币的价值来自其所代表的金属货币量，纸币本身只是一个象征符号而已。

在现代社会中，纸质货币已经不是唯一的货币了。随着时代的发展和进步，还出现了信用货币和电子货币。信用货币最常见的就是汇票和支票，这两种货币都以个人信用作为担保，在银行可以换取纸质货币。电子货币是指用计算机储蓄和处理的电子存款和信用支付工具。随着因特网在人们的生活中起着越来越重要的作用，利用电子货币可以更加方便快捷地让货币流通。

有人为了钱不顾一切，也有人视其为粪土草芥。其实，钱不过是人们手中的工具而已。不管怎么说，钱都是我们了解金融时不可绕过的一个重要命题，是打开金融学大门的钥匙，也是金融学的中心。

|第二节　货币制度：纸币和硬币不是真正的钱|

什么才是真正的钱？这个题目看起来非常奇怪，有些人会觉得，钱就是钱呗，真的就是真钱，假的就是假钱，哪有什么真正不真正的。其实并非如此，我们每天打交道的、左手进右手出的那些纸币，真的就是钱吗？

从金融学的角度来说，每天在我们手中所流通的纸币或者硬币并不是真正意义上的钱。所谓的"钱"，必须有十足内在价值，以自身的价值与其他商品交换，就如同之前说过的金属货币或者实物货币。由此可见，我们平时用来购买东西的纸币并不是因为小小的一片纸自身具有可以交换商品的价值，在我们手中流通的纸币和货币，只不过是一种注明它价值几许的符号而已。想要了解什么是真正的钱，那么我们就要先去了解货币制度。

货币制度是一种管理制度，这种管理制度是以国家法律作为保证而实施、以商品经济的发展而产生和发展的，在没有一个统一货币制度的时候，货币的发行权十分分散，各地区所使用的货币都不相同，一种货币能够流通的范围很小，并且流通混乱。而货币制度就是为了改变这种混乱的局面应运而生的，各国通过颁布法令法规，对货币的流通方式进行了规定，形成了统一而稳定的货币制度。货币制度规定了有关于货币的基本内容，主要包括货币的材料与单位、货币的铸造和流通、货币的准备金这三项。

1. 货币的材料与单位是有关货币的根本性问题。

不论任何国家或地区，建立货币制度的第一步一定是选择用什么金属作为货币材料，但各地区最开始的选择各不相同，这主要是由该地区的经济发展程度以及金属储存量所决定的。

确定了使用什么金属材料以后，确定货币单位名称和一单位的货币所包含的金属量就成为新的问题，如果不能确定这些，那么货币的流通作用将大打折扣，也不再具有计价的作用。早在民国时期颁布的国币条例中就规定，以银为本位制，重七钱二分含银量89%的银圆作为"一元"。

2. 进入流通领域的货币被称为通货，通货分为本位币和辅币两种。

相对于辅币来说，本位币也可以称为主币，即按照国家规定的国币单位铸成的标准主币。在我国，主币就是元，一单位货币，就是一元。现在全世界都采用金属本位制度，主币的面值要与金属价值保持一致，所以不管实际货币在流通中如何磨损，都可以在政府制定机构兑换等值新币，这叫作超差兑换。

辅币也就是我们生活中常见的小额货币，这些货币的单位价值要低于一单位主币，在生活中主要有交易和找零等作用。我国的主币是元，而辅币就是角和分。辅币一般用比主币价值低的金属来铸造，并且包含的实际价值低于其符号价值，也就是说辅币并不是足值货币，但这也为辅币的流通节约了大量费用。

尽管辅币是小面额货币，但是拥有辅币铸造权的只有国家。

除此之外，辅币还是有限清偿货币，也就是说每次交付辅币的数量是有限制的，如果用辅币清偿数量超过限额，那么对方有权拒绝接收。

本位币往往是沉重的金属，为了方便交易，出现了银行券和纸币。银行券和纸币完全是因为市场经济、商品经济发展的需求而诞生的，因此银行券和纸币并没有内在价值，它们只是信用货币，或者货币符号。早期，由于人们对纸币以及银行券的不信任，银行允许人们用纸币去银行兑换金属货币，这一现象持续到20世纪30年代。当时，西方国家发生经济危机，各国的银行为了避免金属货币流失和挤兑，开始取消银行券兑换金属货币，后来逐渐演变成了不兑现的纸币。纸币的流通所依靠的不是银行对纸币价值的保证，而是依靠国家的强制力量。

3. 货币是以贵金属作为保证的，在货币的发展史中，所使用的金属也渐渐发生着变化。

开始使用金属作为本位货币时，是用铜，后来逐渐演变成了银，到了现在，已经是金本位了。在金本位制度下，需要大量的黄金作为货币准备金，这些黄金保存在国库和各国的中央银行。准备金具有作为兑换银行券准备金、用于调节流通中的货币量、用于国际支持的准备金等作用。随着信用货币的出现，作为准备金的已经不只有黄金，还有外汇和有价证券。

有些人觉得信用货币完全是建立在信用之上的，对于信用货币很不信任。其实也不是任何信用货币都可以进行流通的，甚至有一些根本不具备"信用货币"的职能。

具有信用效力的信用货币主要具有以下几个条件：

第一，必须是由中央银行发行，由国家赋予无限的法偿能力。

第二，没有规定含金量，也不可兑换黄金。

第三，信用货币必须有现实对照，如现金和银行存款。

第四，只通过银行信贷渠道投入社会。

第五，发行数量必须且只能根据本国商品和劳务流通需求来确定。

总体来说，纸币不是货币，货币是一般等价物，而纸币没有价值，不是商品，更不能充当一般等价物。纸币代替金属货币进行流通，是国家强制使用的货币符号。

第三节 十年前的"万元户"，十年后的"穷光蛋"

随着时代的发展，社会经济的进步，人们的理财意识逐渐增强，越来越多的人开始重视存款这件事情。因此，经常爆出一些令人哭笑不得的新闻。

2015 年 8 月，某地派出所接到报警，说有人砸坏了银行的玻璃。以为是发生了抢劫案的警察迅速赶到了现场，发现并没有什么抢劫案，而银行门口有一位 80 岁的老人坐在地上。经过询问，警察才明白了事情的前因后果。原来老人砸银行的玻璃，是因为他当年存入银行 5 万元存款，如今去取款，银行却只给他兑50 元。银行的做法当然是合法的，因为老人当时存入银行的是第一代人民币，5 万元只相当于后来的 5 元钱，所以到现在连本

带息只能兑几十块钱。5万元变成50元，这种情况是由于国家对货币的本位价值进行了调整，但通常来说，时间对货币价值的影响体现在如今的1元钱价值却要大于多年以后的1元钱。

货币的时间价值主要体现在货币可以进行投资，投资以后就会增加价值。这段增加的价值就是货币的时间价值。

现在的一单位货币与未来的一单位货币的购买力是绝对不同的，根据国家的调控和经济发展等变化，现在拥有的货币价值多数时候要超过未来同样金额的货币价值。现在的货币可以进行投资，而投资可以将货币进行增值，而增长的价值就是所谓的时间价值。从根本上来讲，货币用来投资，就不能用来消费，而投资的根本就是将现有的货币进行增值，简单来说，就是需要获得一定的报酬，这个报酬也就是时间价值的体现。因此，也可以将货币的时间价值作为投资者的补偿，因为投资者的货币并没有用于消费，没有用于提升自己的生活水平。所以，如今的1元钱，价值要超过以后的1元钱，其潜在价值也不可同日而语。

货币的时间价值是非常值得重视的，如果不重视货币的时间价值，就相当于放弃了货币所能为我们带来的收入，尽管有人忽视了货币的时间价值，但是货币的时间价值却不会忽视每一个人。

在现代社会，超前消费已经成为年轻人主要的消费方式之一，许多人成了房奴、车奴、卡奴。因此，我们每天在生活中都面对着许多问题，究竟是贷款买房还是存款买房，买房是买期房还是买现房，这些都是我们在生活中不可避免要面对的问题。

通过前面的讲解，我们知道了现在手中的钱要远比未来的钱更有价值，货币的时间价值除了货币可以用于投资外，还体现在通货膨胀对货币价值的影响。通货膨胀每时每刻都在发生，所以我们要用活自己手中的钱。如果死死地把钱抓在手里，那么在通货膨胀的影响下，这些资金将不可避免地发生大幅缩水，实际价值、实际购买力将会大大下降。因此，我们在生活中要格外注意货币具有时间价值这一点。

对于货币的时间价值，有一个笑话可以很好地说明。

一个青年问上帝："一万年的时间对您有多长？"上帝回答说："只是一秒钟而已。"青年又问上帝："那么100万元钱对您来说又是多少呢？"上帝回答说："不过是1元钱。"青年对上帝说："那请给我1元钱吧。"上帝笑着回答说："等我一秒钟。"这个故事看来可笑，但如果由股神巴菲特来运作，在股市可以获得15%左右的年收益，那么1万年以后，这1元将会变成120万元。因此，将巴菲特称为股神并不夸张。

那么，我们要怎样才能利用货币的时间价值为自己赚取更多的报酬呢？有以下几点需要我们注意：

1. 根据不同的时间，单位货币的价值是不一样的。

如果想要比较在不同时间内相同单位货币的价值，那就必须先进行换算，再进行计算。

2. 如果将货币进行了消费，那么这些货币就没有产生时间价值。

只有在生产领域和流通领域，才能体现出货币的时间价值。

3. 货币的时间价值并不是一定会产生，这主要根据当时的社会情况所决定。

只有在社会稳定、经济环境稳定的情况下，才会产生时间价值。如果社会动荡，或者通货膨胀严重，那么货币的时间价值将

会受到不同程度的影响。

4.想要将货币的时间价值最大化，那就要让资金流动起来。

资金流动的速度越快，资金的利用率就越高，理想情况下产生的时间价值就越大。

每个人都不想让自己的财富缩水，每个人都想让自己的钱越来越"值钱"。那么，我们就需要让自己流动起来。简单地说，就是我们要对资金进行管理，要进行理财。理财的方式多种多样，我们可以通过各种各样的方式来增值货币。此时，货币的时间价值就会起到作用，让手中的资金越来越多。

|第四节 市场上流通的纸币，不多不少才算好|

在影视剧中，经常会看到过去的劳动人民对于银行家的憧憬，认为那些人能够"印钱"，那还不是要多少钱就有多少钱。虽然这种说法随着人们对于经济越来越多的了解而渐渐消失了，不过有一个疑问依然徘徊在人们的心中，那就是纸币发行得多究竟好不好。

货币的发行量是根据货币的需求量定制的，货币也不是越多越好。从金融学的角度来说，货币需求不是人们希望自己有多少钱，也就是说纸币，而是在于人们是否愿意将自己的财富转化为货币，人们愿意将自己的多少财富转化为货币。那么，我们普通人要怎样理解货币需求呢？

　　货币需求是指个人、企业或者单位是否愿意持有货币和是否能够持有货币。这种需求并不是人们心中想要的那种需求，而是一种有效需求，这种需求是个人或者企业能力与愿望的结合体，是由货币需求能力和货币需求愿望共同决定的一种有效因素。

　　人们之所以对货币有需求，是因为货币在交易过程中有灵活性、方便性和流动性，人们可以用货币来交换商品，满足人们对商品的需求。货币就是商品，可以用来交换其他商品。货币需求不仅是对现在阶段的消费有所需求，也表现了对于未来消费的需求，所以我们谈到货币需求时，不仅要考虑现金需求，还要考虑存款需求。

　　在现代经济理论中，不同的经济个体，不同的个人、企业，持有货币有着不同的动机，这些动机大致可以分为交易性动机、预防性动机和投机性动机。所以对于货币的需求也可以大致分为交易性货币需求、预防性货币需求和投机性货币需求。

　　1. 交易性货币需求，顾名思义，就是人们为了交易而产生的货币需求。

　　不管是人们生活中的油盐酱醋，还是雇佣劳务，都需要支出货币。交易性货币需求是由收入水平和利率水平共同影响的，并不是单纯由个人需求所决定的。

　　2. 我们在生活当中总是要留有一部分应急钱，这一部分钱就是我们所说的预防性货币需求。

　　准确地说，预防性货币需求是指人们为了应付意外事故而形成的货币需求。除了人们可以想到的疾病、灾害等情况需要的应

急金外，用于商品降价、超市打折等情况而使用的货币也叫作预防性货币。

预防性货币需求与利率是息息相关的，利率低时，人们更倾向于将货币用于消费，但同样也会留出一部分的钱以备不时之需。如果利率高，人们更愿意将钱存入银行，哪怕是预防性货币减少会带来风险，也愿意用这些货币赚取更多的利息。

3. 投机性需求往往出现在利率不稳定、不确定的情况，在不确定因素的影响下，难免会出现利息增加或者资本损失。

为了避免这种情况，必须调整资产结构，因此出现了投机性货币需求。投机性货币需求在生活中体现在金融投资中，根据不同的行情，人们会选择贵金属、房地产、有价证券等项目进行投资，低买高卖，赚取差价。

影响货币需求的因素有很多，不同国家的经济制度、社会背景、经济发展阶段与水平都会成为影响货币需求的因素。在我国经济高速发展的今天，影响我国货币需求的因素也是多方面的，其中的影响主要是针对个人的。

首先，影响货币需求的是人们的收入水平。人们的收入高了，社会中的财富就会增加，消费观念和消费水平也会增加，人们手中的货币开始不够用了。更多的消费带来了更多的货币需求，人们的收入水平上升也导致货币在生活中的作用不断扩大，越来越多的领域与经济领域关系越来越密切。

其次，物价也影响着货币需求。举个例子，物价越高，人们购买一定量商品和劳务所需要的货币就越多，货币需求也就随之增加；而物价降低，货币的需求量就会降低。而不管是物价升高还是物价降低，都在某种程度上影响着资金的运转速度。或是抢购囤积，或是市场火爆，都会增加资金的运转速度。不管资金如何运转，其总是具有一定的迟滞性，在这种迟滞性的影响下，货币流通得越频繁，就会越慢得流通回人们的手中。所以资金流通速度的加快也会增加货币的需求量，资金流动的速度减慢，货币的需求量也会减少。

再次，银行的利率影响着人们持有货币成本的大小。利率越高，将货币存入银行可以获得的利益越多，手持货币的成本越大，货币的需求量就会减少；利率降低，从银行中获得的利息变少，人们更倾向于手持货币进行消费，货币的需求量就会增加。

最后，不同的金融资产对货币的需求量也有着不同的影响。在一定程度上，金融资产可以替代货币需求，所以各种金融产品的收益率、安全性、流动性都大不相同，都会影响着货币需求的变化。

除了以上因素外，还有一些偶然因素也会对货币需求产生影响，如国家的体制变化，或者国家有新的项目。出现这种情况不仅会改变个人、企业对货币的需求，更是会改变政府对货币的需求。

现在，我们了解了货币需求，回到之前的问题上来。货币是发行得越多越好吗？当然不是。如果国家发行了过多的货币，在商品数量不变的情况下，货币所能代表的本位金属就会减少，货币就会开始贬值。对于我们来说，最直观的影响就是通货膨胀，物价上涨。但是，如果国家减少货币发行量，也不是好事。货币发行量减少，会造成通货紧缩，人们会攥紧手中的钱，不肯将资金用于消费，导致资金的流动性减慢，使社会经济不能

正常运转。

想要发行数量合适的货币，就必须了解国民经济的发展状况，符合国民经济的发展需求。国内流通的货币总量，必须与国民经济总量一致。因为国民经济总量是一项非常难以调查、变数极大的数据，所以在发行货币时必须要结合各方面综合进行，并且由国家进行宏观调控。

第五节　虚拟货币能让你发大财，做白日梦吧

美国著名经济学家林顿·拉鲁什曾预言："从 2050 年开始，网络的虚拟货币将在某种程度上得到官方承认，成为可以流动的通行货币。"

Beenz.com 公司的产品 Beenz 是一种只在国际互联网上流通的"新货币"，公司希望这种被称为"网豆"的虚拟产品成为可以在国际互联网上流通的货币。消费者可以在 Beenz.com 免费开通账户，当他们浏览或在其他网站购物时，就会得到相应数量的"网豆"作为奖励。Beenz.com 上随时发布可以赚取"网豆"的信息，如注册某网站可以获得 50 个"网豆"。通过这种方式获得"网豆"后，消费者可以在近 200 家承认"网豆支付"的电子商务网站消费。

我国的网站上也出现了多种虚拟货币。例如，腾讯公司发行 Q 币等虚拟货币，用于购买该公司的增值服务，如充会员、

购买游戏道具等。由于 Q 币具有充值灵活、使用便捷等特点，其应用范围也越来越广，除了可以利用它购买 QQ 游戏的游戏币、装饰 QQ 空间、购买指定商品之外，还可以给"超女"等比赛投票、进行影片或软件的下载服务，甚至 Q 币还具备了一定的支付功能。

我国目前存在的网络虚拟货币除了腾讯公司的 Q 币以外，还有百度币、网易泡币、新浪 U 币、天堂币、盛大点券等。获得这些虚拟货币可以直接到代理商处购买，也可以通过网络银行或手机话费充值。据业内人士推算，国内互联网已具备每年几十亿元的虚拟货币市场规模，并以 20％左右的速度增长。

有人说，虚拟货币的盛行将带来一场新的货币革命，一旦每个网站都发行自己的"货币"，当这种情况发展到一定程度，如各个虚拟币种之间可以相互兑换，并出现了固定的"汇率"时，则势必会对现代的金融秩序产生巨大的影响。

目前全世界发行有上百种数字货币。在网络上流行的虚拟货币大体可以分为以下三类：

第一类是我们熟悉的游戏币。游戏币只存在于游戏的虚拟世界里，本身只是游戏程序的一项数据。其货币单位五花八门，取决于游戏本身，不同游戏的游戏币不能通用。游戏币的作用在于游戏玩家使用它在游戏中产生买卖行为，买卖对象主要有武器、装备、宝物、宠物、材料、技能，等等。

由于网络游戏的兴盛，游戏币成为游戏玩家追求的对象，于是许多城市出现了"血汗造币工厂"，老板雇几个"劳工"不分昼夜地打游戏，将赚来的游戏币和装备在"黑市"上出售。对于游戏玩家来说，只要肯出人民币，就可以省去漫长的"修

炼"过程，完成"资本积累"，因此购买者甚多，而老板们则只需要收钱，却不需要缴税。"造币工厂"多了，市场上还出现了一些专业的虚拟货币"倒爷"，到处低价收购游戏币再高价卖出。

第二类常见的虚拟货币是门户网站的专用货币，其中最具有代表性的当属我们熟悉的 Q 币。腾讯公司的 Q 币可通过银行卡、手机、固定电话等多种方式充值，与人民币的"汇率"是 1∶1。Q 币只用于腾讯公司的网络产品，例如，在 QQ 游戏中，Q 币可以兑换游戏币，可用来充 QQ 会员，可以用来兑换养 QQ 宠物用的"元宝"等。Q 币与其他专用虚拟货币一样，都存在线下交易平台，不过官方渠道只允许单项流通。

第三类是互联网上的虚拟货币，如福源币（FTC）、比特币(BTC)、莱特货币（LTC）等。但是，网络虚拟货币生来就对真实货币具有威胁性。例如，美国贝宝公司（PayPal）发行了一种可以网上购物的网络货币，消费者只要向公司提出申请，就可以将银行账户里的钱转成贝宝货币，这种转换的服务费比银行卡的服务费低，并且在国际交易中不必考虑汇率问题，因此对金融市场的威胁可想而知。目前国内尚未出现此类公司，也尚未普及贝宝货币这样的虚拟产品。

随着网络时代的到来，网络虚拟货币以网络这片肥沃的土壤作为依托，获得了越来越大的生存空间。现实与虚拟之间，界限已变得如此模糊。但是，无论是哪种虚拟货币，其发行都不受中央银行的管制。

现今的虚拟货币市场正在以每年 20% 以上的速度快速增长。

随着虚拟货币市场的日益壮大，虚拟货币已经逐渐渗入我们日常生活的方方面面。在传统产业中，虚拟货币以这样的形式占据一席之地："购买任意一款促销装产品，只要揭开瓶盖，登录公司网站，输入瓶盖内印有的 9 位字符，就有机会赢得网络币，直接参与网络游戏道具的换购活动。"

只要有需求，就会有市场。既然网络上虚拟货币需求如此庞大，那么能否在网上开一家私人的虚拟银行？尽管这听起来像一个疯狂的创意，然而事实上，这种虚拟的"地下钱庄"却已经悄悄出现在了网络上。

这些"地下钱庄"就是专职用于交换虚拟货币的平台网站。在这些网站中，明确地标注着各种虚拟货币与人民币的比值，甚至虚拟币之间也可以自由交换。这种现象是否为法律所禁止，目前还没有明文规定。

虚拟货币市场的繁荣，不但便宜了网络上的"地下钱庄"，还催生了游戏代练、买卖游戏装备等新兴职业。就拿风靡网络的"魔兽世界"游戏来说，有玩家称："每天都有很多人在网上推销装备，要拿到顶级装备，没有几千元拿不下来。"出现这种现象，与网络游戏的风靡是分不开的。

目前，网络游戏虚拟物品交易市场在国外已经接近了网络游戏自身运营的交易规模，被称为网络游戏的第二市场。可以想见，在未来的几年中，这个第二市场的交易规模将会赶超第一市场的销售收入。

如今，虚拟货币已经越来越多地进入了我们的生活，我们就不得不关心这样的问题：虚拟货币在网上的流通会不会影响到现实世界的金融秩序？在虚拟的网络世界里会不会也有类似金融危机这样的风险？答案是肯定的。

虚拟货币的市场需求已经引发了地下交易的暗涌，随着这种交易的增多，网络"地下钱庄"出现了，虚拟"造币工厂"出现了，同时还出现了大量以虚拟造币、虚拟货币交易为职业的人群。对于这种现象，发行虚拟货币的公司无论其态度如何都无法扭转现状，而相关法律法规又没有到位，所以缺乏有关部门的管制，导致这种数量庞大的交易处于无法管制的状态。

不仅如此，有一些运营商利用虚拟货币缺乏法律管制的空子，以虚拟货币作为赌注开展赌博活动，将人民币变相送上赌桌。在现代金融体系中，通常是由各国中央银行负责货币的发行和监管。虚拟货币如果在网络上起到了一般等价物的功能，那么它们就应当受到监督，然而它们的发行方不再是中央银行，而是各家网络公司，同时也缺乏相应的监督。

这样一来，随着电子商务的发展，虚拟货币的使用越来越频繁，其可能对中央银行的货币政策产生的影响不容小觑。

综上所述，虚拟货币是一个新生事物，但却飞速地发展和壮大着；它产生于网络，却无时无刻不在影响着现实生活。因此，虚拟货币存在的隐患和解决对策成为我们不容忽视的问题。

目前，世界各国对于互联网的监管都尚处在探索阶段，对于"网络虚拟币"这种厂商生产的内部交易凭证，暂时可以规定互联网厂商与用户之间通过合同来管制，相关当事人之间可以按照民事合同法律关系来处理涉及网络虚拟币的纠纷。同时，国家需要加强对相关电子商务的立法监管，使互联网生活的方方面面也有法可依。

|第六节 "M"是神秘的字符，也是货币的代言|

在生活当中，每个人都对自己的生活水准有着极高的要求，甚至在心中已经对自己的过去和将来做出了层次的划分。人分层次，艺术分层次，商品分层次，那么货币呢？自然也是分层次的。货币的层次代表方式比较简单，那些金融报道中让人摸不着头脑的 M0、M1、M2、M3 等，就代表了货币的不同层次。尽管大多数人对这些符号并不了解，也不打算去了解，但是这些代表货币层次，或者说是代表货币供应量范畴的符号，和我们的生活是息息相关的，对金融投资也有着巨大的影响。

在了解货币供应量究竟如何影响我们的生活时，我们先要了解究竟什么是货币供应量。货币供应量，就是指一个国家在某一时期内的货币存量，这些货币存量是用于社会经济正常运转的，主要由各大金融机构内的存款货币和现金货币两部分组成。货币供应量是一个非常重要的数据，每个国家的金融机构都需要掌握流通中的货币供应量，而国际货币基金组织为了方便测算，也为了区别不同的货币涵盖范围和流动性，将货币供应量分成了三类，也就是我们之前提到的 M0、M1、M2。

M0 代表流动中的资金，可以准确地反映出社会消费变动。M1 是指流动中的资金，即 M0 加上商业银行中的活期存款。M2 就是 M1 加上商业银行中的定期存款。从定义上我们就可以看出来，M0 就是流通中的货币，时时刻刻都在流通着。M1 也就是

通常说的狭义货币，活期存款大多是人们放在银行的流动资金，所以流动性较强。M2是广义货币，流动性相对较弱。

掌握着印钞权的是国家，国家将印钞权指派给了各国的中央银行，因此中央银行成为现代经济中最为重要的政府机构。M0、M1和M2这三个货币供应量指标是中央银行制定货币政策的依据，根据这三个变量，中央银行会调整利率、准备金来制定货币政策，从而对社会中流通的货币量进行调整，保证物价稳定。

货币供应量影响着人们的生活，其中M0是与消费息息相关的。M0越高，说明人们的生活越富裕；M1反映的是居民和企业的资金变化，究竟是增加了消费还是紧缩了消费，反映了经济的周期波动；M2作为广义货币供应量，反映了未来通货膨胀的状况，反映了社会总需求的变化。

除此之外，货币供应量还影响着金融投资，甚至直接对上证指数的走向产生影响，也可以说这些货币供应量指数对社会资金的流通做出了直接的反映。

在正常情况下，M1与M2增长的速度应该保持相对的平衡，个人或企业的收入增加，社会上的货币供应量就会扩大，而个人或企业的存款也会随之增加。当M1大幅度增加，那就说明了经济开始升温，投资业也开始随之升温。在这种情况下，一般会发生通货膨胀，如果没有通货膨胀，那么股市必定会上涨。

如果M1的增长速度超过了M2，就说明个人或企业的活期存款增长速度超过了定期存款的增长速度。在这个时候，社会上的货币流通会十分活跃，个人或企业的盈利能力大大增强，整个社会的经济状况都在上升。如果M1的增长速度小于M2，就说明个人或企业的货币流通较慢，货币多数都以定期存款的形式存在了银行，个人或企业的盈利能力下降，市场上没有足够的流动资金，那么整个社会的经济状况都会开始下降。

根据定义，M2 是 M1 加上定期存款，那么如果 M1 的增加速度超过了 M2 的增加速度，就说明有大量的定期存款变成了活期存款，也就说明了市场上有了大量的活跃资金可以用于交易。这些资金有些会流入市场，有些会流入股市。对于投资来说，这种现象带来的影响是非常积极的。

M1 的增长速度是领先于股市的，因此，可以将 M1 的增长速度作为股市增长的参照物。这对于投资者来说，是非常有意义的。

第二章　是"胀"还是"缩"？

——钞票的购买力为什么总是在浮动

　　许多人都感叹赚钱难、花钱快，钱越来越不值钱。为什么钞票的购买力总是在浮动？虽然这种现象看似令人费解，但隐藏在这背后的其实就是货币的升值与贬值。货币的价值受多种因素的影响，理解了通货量、GDP、基尼系数等，就不会再云里雾里看不懂。

第一节　揭秘，为什么你手上的钱越来越不值钱了

　　十年前北京的李奶奶在银行中存了 1000 元，当年她可以用这笔钱购买 100 多斤猪肉、500 斤大米或 1000 斤左右的面粉。而到了今天，奶奶取出了这笔钱，连本带息共 1380 元左右，可是这笔钱仅够买 40 斤不到的猪肉、300 斤左右大米或 500 斤左右的面粉。

　　手中的钱还是那么多，可是买到的东西越来越少。原本只是 1 元可以买到的东西，现在却需要 2～3 元。原来一份报纸 0.5 元，现在涨到了 1 元，少数有些报纸涨到了 2 元、3 元。十年前，我们买一包方便面只需要 1 元，而现在则需要 2.5～3 元。十年前，房产平均价格为几千元，而现在一二线城市房价平均高达 2～3 万元。

　　我们会发现手中的钱还是那么多，甚至比原来更多了，可是能够买到的东西却少了。也就是说，手中的钱越来越不禁用了，越来越不值钱了。这究竟是为什么呢？

　　其实，这都是通货膨胀导致的。

　　通货膨胀是指在纸币流通条件下，因为货币的供给大于货币

的实际需求，即货币的购买力大于产出供给，从而使得货币贬值，这样的结果会使得一段时间内物价持续并普遍上涨，其实质是社会的总需求大于社会的总供给。

通俗地说，通货膨胀就是在短期内钱不值钱了，也就是说，同样的钱买不到以前能买的那么多东西了。例如，以前 5 元买一斤大蒜，现在物价上涨，要 10 元一斤，现在 5 元只能买到半斤大蒜了。不仅是大蒜，市场上的绝大部分商品的价格都上涨了。这种情况出现，我们就可以断定发生通货膨胀了。

那么，通货膨胀会对国家经济以及人们的生活造成什么影响呢？

举个例子，美国南北战争时期，美国南部曾经发生过一次恶性的通货膨胀。当地居民以前都是将钱揣在兜里去购物，买到的东西装到篮子里。但是通货膨胀发生后，人们却只能用篮子装满钱去购物，而且买回来的商品用衣兜就可以装满。以前吃一顿饭的钱跟看一场电影差不多，但之后却是原来的 20 倍左右了。除了钱，一切都变得很匮乏。

乍看起来，美国南部的通货膨胀似乎非常严重了，但是还有更严重的，那就是巴西曾经连续 3 年通货膨胀，这使得巴西人苦不堪言。

巴西在 1987 年、1988 年和 1989 年的通胀率分别为 365%、934% 和 1765%，而从 1989 年 11 月中旬开始，巴西超市的平均价格上升了 218%，股票、黄金市场的价格也上升了 175%，外汇市场的美元价格则上升了 163%，而隔夜账户上升了 137%。可以看出，隔夜账户上升得最少，于是，巴西人民都把钱直接存入账户以尽可能最小幅度地减少损失。

通过对上面美国南部和巴西的通货膨胀的例子可以看出，通货膨胀对国家经济和人民生活造成了非常大的影响。通货膨胀的影响具体表现在以下几方面：

1. 对经济发展的影响。

通货膨胀会导致物价上涨，而物价上涨势必会出现生产者盲目生产，这样容易造成国民经济的非正常发展，从而使得产业结构和经济结构发生变化，甚至畸形化，从而导致国民经济的比例失调，这是十分有害的。

2. 对收入分配的影响。

通货膨胀会导致货币贬值，购买力下降，如果人们收入不变，这会使得人们的生活水平下降，特别是收入较低的居民。如果持续存在通货膨胀，就有可能造成社会的动荡不安。

3. 对对外经济关系的影响。

通货膨胀会使物价上涨，从而降低本国产品的出口竞争力，容易引起黄金外汇储备的外流，从而导致汇率贬值。

从上面的三种影响可知，通货膨胀的影响还是很大的。从美国南部和巴西等地的通货膨胀来看，似乎通货膨胀现象不是长期现象，而是阶段性的，其实不然。伦敦商学院的统计显示，1900—1999 年的这 100 年时间里，美国的年平均通货膨胀率为 3.2%，而英国为 4.0%，德国为 5.2%，瑞士为 2.2%，加拿大为 3.1%，澳大利亚为 4.0%……可以看出，这 100 年间，全世界的国家都或多或少地存在通货膨胀。只是通货膨胀有轻重之分，它可以分为以下几类：

1. 温和的通货膨胀。

温和的通货膨胀是通货膨胀率基本持续在 2% ~ 3%，最多不超过 5%，而且始终持续稳定的一种通货膨胀。

2. 快速的通货膨胀。

快速的通货膨胀是一种不稳定的，且迅速恶化加速的通货膨胀。当它发生时，通货膨胀率较高，一般会超过两位数，这样会导致经济社会产生动荡，是一种较危险的通货膨胀。

3. 恶性的通货膨胀。

与快速通货膨胀的快速相比，恶性通货膨胀则是极度的、超速的通货膨胀。它一旦发生，通货膨胀率非常高，一般可达三位数以上，并且会完全失去对它的控制，这样的结果会导致社会物价持续飞速上涨，货币大幅度贬值，购买力大幅度下降。而此时，整个社会的金融市场将混乱不堪，正常的社会经济关系遭受重创，结局将是社会崩溃，政府垮台。

4. 隐蔽的通货膨胀。

隐蔽的通货膨胀又称受抑制的通货膨胀，是社会经济中可能存在的通货膨胀（潜在的价格上升）危机，但是在政府严格的价格管制（价格管制是指政府对处于自然垄断地位的企业的价格实行管制，以防止它们为牟取暴利而危害公共利益）政策下，通货膨胀没有发生。所以说，这种通货膨胀不是不存在，只是被隐蔽

了，所以称为隐蔽的通货膨胀。

那么，为什么会引起通货膨胀呢？这其中有经济过热、物价指数提高、政治因素、大宗商品交易价格上升等各种原因，过程也很复杂。作为普通人，我们没有必要去深究产生通货膨胀的原因，但是毕竟它会影响我们的生活，所以，我们应该学会如何应对通货膨胀。除了依靠国家出台相关的经济政策和措施外，我们还可以按下列方法来应对通货膨胀。

我们要努力工作，多赚钱，然后尽可能地减少开支，这样会使通胀的压力大为减轻。另外，我们可以谨慎地投资一些理财产品来抵消通货膨胀对财产的侵蚀。

当遇到不同的通货膨胀时，我们应该采取不同的办法加以应对。例如，当出现温和通货膨胀时，不要急着购买大量的生活用品或黄金，而应该把资金投入市场，不管是股市、楼市，还是实业，都不会错；而要是达到了5%～10%这样较高水平的通货膨胀时，我们则应该离开股市，对房地产的投资也要极为谨慎；而出现恶性通货膨胀时，此时的任何金融资产都是垃圾，要想尽可能减少损失，就只有以最快的速度把全部财产换成另一种货币，或者是选择一些如黄金等保值物品。

| 第二节　现金为"王"的通货紧缩 |

有个词语叫"现金为王"，这就是对通货紧缩时期最真实的

概括。

据史料记载，宋朝和明朝在朝代末年都发行过纸币，明朝的纸币称为"大明宝钞"。但由于发行过多，又没有金属货币做支柱，所以，在宋朝末年和明朝末年都发生了严重的通货膨胀。皇帝立刻下令停止发钞，于是产生了严重的通货紧缩。明朝末年最大的危机是没有货币可以交易，这使得整个社会的经济彻底崩溃，通货紧缩成了张献忠和李自成起义的直接导火索。

前面我们提到，在经济学中，通货紧缩和通货膨胀是一对反义词。一般来说，通货紧缩就是指一国商品物价在一段时间里趋于下降。也就是说，社会中所生产的产品大于人们的需求，即供大于求，这时候，人们手里的钱少了，购买力也就下降了。其实，通货紧缩还应包括诸如资产、资本、证券及服务等价格的长期持续下跌。

在经济学中，当CPI（消费者物价指数）连续3个月下跌时，经济学家们认为这就是通货紧缩。

其实，不同于持续长时间或多或少的通货膨胀，通货紧缩发生的频率并不是很高。到了20世纪90年代中期时，通货紧缩发生的频率才开始增多。那么，为什么会发生通货紧缩呢？一般来说有以下几个方面（各个国家发生通货紧缩的原因各不相同，以下几方面为一般共性因素）：

1. 货币财政政策的影响。

国家的货币财政政策影响较大，如果某国采取紧缩性的货币财政政策，就会使商品市场和货币市场出现不平衡，也就是说会出现商品多而货币少，即供大于求的局面，从而出现通货紧缩。

2. 经济周期变化的影响。

经济会存在一些周期性的变化。例如，当某国经济达到繁荣的高峰时期，此时商品的制造能力非常强，也就容易出现产能过剩，商品供过于求，然后物价持续下降，这样就引发了周期性的通货紧缩。

3. 投资和消费不足的影响。

当经济形势持续不佳时，会打击投资者的信心，也会使消费者"勒紧裤带"。这样，人们的投资和消费需求就会减少，这样的结果将会是物价不断下跌，而形成需求不足引起的通货紧缩。

4. 生产力提高的影响。

新技术的发明和应用，特别是广泛地应用，会使劳动生产率大幅度提高，而生产成本和商品的价格也会降低，这样就会导致因出现成本性下降引起的通货紧缩。

5. 各种体制变化和制度因素的影响。

企业体制、保障体制等体制一旦发生变化，会打乱人们的稳定预期，如果人们因为体制变化而预期未来的收入将减少，同时支出将增加，那么人们将会"勒紧裤带"，少花钱，多储蓄。这样的结果就会使需求不足，从而导致物价下跌，出现因体制变化和制度因素而导致的通货紧缩。

上面我们了解了发生通货紧缩的原因的几个基本面，那么，通货紧缩主要有哪些类型呢？其主要包括以下三种类型：

根据通货紧缩发生的程度不同，可将其分为相对通货紧缩和绝对通货紧缩；根据通货紧缩产生的原因不同，可将其分为需求不足型通货紧缩和供给过剩型通货紧缩；根据通货紧缩的表现方式不同，可将其分为显性通货紧缩和隐性通货紧缩。从通货紧缩所表现的类型来看，它是一种货币现象，可以用价格指数来衡量。

那么，有什么办法可以应对吗？事实上，和通货膨胀一样，我们可以通过产生通货紧缩的原因来找到相关的应对方法。

首先，要抓好货币政策，尤其是实施积极的货币政策。应当扩大对中小企业和民营企业的贷款和金融服务范围。与此同时，还应当实施相关措施以促进居民消费、降低失业率，并拓宽银行的贷款领域。

其次，除了实施积极的货币政策外，还应当实施积极的财政政策。这表现在增加国有企业固定资产的贷款，同时降低贷款利率，这都是有效应对通货紧缩的良策。

总而言之，当出现通货紧缩时，钱就显得非常重要，因为此时物价不断下跌，手里有钱的话，人们想买什么就可以买到什么。

第三节　就算你跑不赢博尔特，也要跑赢 CPI

每次物价上涨，都有人欢喜有人愁。创造商品的人觉得物价上涨可以让自己的收入增加，而无关行业或者出售劳务的人则觉

得自己的生活水平开始下降。其实，对于任何行业来说，物价上涨都不是一件好事。

我们举个例子，在某段时间内，猪肉价格开始飞涨，从最开始不足 10 元一斤的价格，上涨到 16 元一斤。尽管人们的视线都放在了猪肉上，但还是发现其他商品的价格也在逐渐攀升。蔬菜、水果、油盐酱醋，甚至连方便面都涨价了。有人酷爱吃楼下一个小摊的煎饼，每天早上都要买一个当早餐。一天，他早上上班的时候又去煎饼摊买煎饼，发现煎饼涨了 5 毛钱。他不满地质问卖煎饼的人："我在你这儿都吃了好几年了，怎么说涨价就涨价啊。"卖煎饼的人也是一脸无奈，说："没办法啊，猪肉涨价太快了。""猪肉涨价关你的煎饼什么事儿啊？"卖煎饼的人说："我也得吃猪肉啊。"

由此可见，物价上涨往往是一种连锁反应。猪肉涨价，吃猪肉的人需要花更多的钱去购买猪肉，而多花的钱是从哪里来呢？只能想办法增加自己的收入，于是各行各业就都开始涨价了。不管是从事哪一行的，物价上涨总归不是好事。

物价上涨对生活的影响，也是可以用指标来表示的，这个指标就是 CPI（Consumer Price Index），即消费者物价指数。CPI 反映了消费者为商品和劳务支付了多少钱，是多了还是少了，并且将这种变化记录下来，用来监控通货膨胀。如果 CPI 的涨幅很大，那就说明通货膨胀十分严重，人民的生活质量正在下降，正常的经济秩序受到了影响。一般情况下，不管是升高还是降低，CPI 都会进行一个相对稳定的波动，除非整个经济环境发生了比较大的变化。

根据 CPI 的成分构成，我们在关注 CPI 的时候最不能忽略的就是人们对于食品的消费。不管在什么时候，食品都在 CPI 中占有最主要的地位，是 CPI 最为直观的表现。不管是什么人，都需要食品才能生活下去，食品关系着每一个人的日常，影响着每一个人的生活。任何东西的价格上涨，都远不如食品的表现直观。

例如，在 15 年前，一斤大米只要 1 元；而到了 5 年前，一斤大米已经要 2 元了；到了现在，一斤大米要 2.5 元才能买到。食品在 CPI 中占有了大量的比例，在计算 CPI 时，会根据人们的生活需求将其分为 8 个类别，而食品作为其中一个类别，在 CPI 中所占的比例高达 34%。

CPI 的百分比升高，不仅代表了人们的生活水平在下降，更代表了整个社会在精神满足方面的减少。越来越多的资金被投入到了吃、穿、住等方面，而用于文化建设，用来娱乐减压的东西就变成人们不能够承担的合理消费。人们的生活缺少安全感，社会的稳定性就会开始下降。

我们大致了解了 CPI 究竟是什么，那么调查 CPI 究竟有什么作用呢？尽管 CPI 是一个相对滞后的指数，但是 CPI 对于改变人们的生活有着非常重要的作用，并且体现在以下几个方面：

1.CPI 可以用来观测通货膨胀的程度。

通货膨胀时期，纸币中所含的价值降低，因此能够交易的商品就减少，具体表现就是物价的升高。如果物价持续升高，那就说明开始出现通货膨胀了。而从 CPI 上，我们可以准确地观测到，在人们的收入水平没有太大变动的情况下，CPI 指数

越高，就说明人们用于基础生活的消费就越多，也就说明通货膨胀程度越严重。

2.CPI是国民经济核算中不可分割的一部分。

不管是计算GDP还是GNP，CPI都是非常重要的指数。GDP和GNP都不能准确地反映人民的生活过得怎么样，也不能反映该地区的生活成本。而CPI在这方面是对GDP和GNP的良好补充，为有关机构及时调整经济政策提供了依据。

3.CPI是契约调整的重要依据。

根据《中华人民共和国劳动法》的规定，员工进入企业后，报酬要明确地记载在契约上。但是随着经济环境的变化，原本劳资双方商量好的报酬已经不能满足日常生活，在这种情况下，就需要调整契约。至于如何调整契约，调整的幅度是多少，这些需要劳资双方进行商议才能决定。

4.CPI可以反映出货币的实际购买力及其变动。

货币是具有交换价值的商品，因此货币能够交换的商品和服务也是有一定数量的。如果物价上涨，就说明货币的购买力在下降，那么CPI指数就会升高。

5.CPI能够准确反映国家规定的工资对生活的影响。

每年，国家都会分别对各地的最低工资做出调整，调整的依据就是CPI。一年结束，如果CPI升高，那就说明原本的工资数额已经不够了，因为通货膨胀，物价上涨，这些工资在数目不变的情况下，购买力开始降低。而当 CPI 指数降低的时候，国家也会适当地调整各地的最低工资，在保证人民生活、社会稳定的前提下，减轻企业的压力，促进经济发展。

6.CPI 是反映投资环境的工具之一。

CPI 代表了人们投入到日常生活中的资金比例，也代表着物价的波动。股票及其他投资项目也都是商品，也会受到其他物价波动的影响。也就是说，当 CPI 升高时，说明物价在上涨，而股票的价格也会开始上涨。物价下跌时，CPI 就会降低，而股票价格也会降低。

CPI 在美国等国家被认为是一项非常权威的数据，因为其政府对于市场缺少掌控能力。而在我国，CPI 被认为是一种社会需求的表现，并不具有太高的权威性，因为我国政府会根据 CPI 的变化对市场进行宏观调控，保证 CPI 的稳定。

| 第四节　GNP：幸不幸福不是一种数字游戏 |

GDP（Gross Domestic Product）是国内生产总值，是国家经济状况的"晴雨表"。而另一项指标也是非常重要的，叫作国民生产总值，也叫作 GNP（Gross National Product）。GNP 与GDP 有着明显的区别，GDP 从定义上来看，就是整个国家的生产总值，包括在国内的外国企业创造的生产价值，但不包括在国

外的本国人所创造的生产价值。而 GNP 是国民的生产总值，与外国企业无关，但包含本国人在外国所创造的生产价值。如果还不明白，请看下面的例子。

某国为了改善国内经济状况，开始吸引外国企业前来投资；而本国国民为了改善生活，开始前往国外打工。一年以后，前来投资的外国企业创造了 100 万的生产总值，而在外国打工的本国国民共创造了 50 万的生产总值。那么，如果是计算 GDP，就要将外国企业创造的 100 万加进来；如果要计算 GNP，就要将外出打工的本国国民创造的 50 万加进来。

GNP 同样是一个非常重要的指标，特别是在经济全球化的大环境中，整个国家的富裕程度和国民的富有程度已经不是 GDP 能够完全体现的了。毕竟每个国家境内都有大量的外国企业，这就导致了 GDP 在计算时的偏颇性。GDP 与 GNP 有着根本性的区别，前者计算一个国家或者地区在一年内所创造的价值，是以地区作为计算单位的；而后者计算一个国家或者地区在一年内所创造的价值，是以人作为计算单位的。

根据 GDP 与 GNP 的区别，我们可以判断一个国家目前的经济状况，并以此来制定经济政策。如果一个国家的 GDP 大于其 GNP，就说明这个国家的资本流入大于资本流出，这样的国家多数是发展中国家；而如果一个国家的 GDP 小于 GNP，那就说明这个国家的资本流出大于流入，这样的国家多数是发达国家；如果 GDP 等于 GNP，那就说明这个国家在外的产出和国内外国企业的产出是相等的。

GDP 与 GNP 都是重要的指标，但是想要了解到底哪个是本国人民生活水平的正确表达，这个问题还存在争论。有些人认为 GNP 更能够表现本国人民的生活水平，毕竟外资企业不是本国企业，产值再高也不属于所在地国家。而另一种观点则表示 GDP 更能够反映本国人民的生活水平，在国内常住的人所创造的财富，多数也是在国内流通；而在国外的人所创造的财富，往往也就消费在了国外。这与人们是什么国籍没有关系，完全是由创造出财富的地点和消费地点所决定的。

深入浅出地讲，在我国有许多外资企业。如果这些企业在中国创造了大量财富，并且将这些财富重新投入企业，扩大再生产规模，或者将这些财富送回了本国，那么这些财富就与我国毫无关系，只能算是 GDP。如果这些财富没有被用于再投资，也没有送回本国，那么就属于我国的 GNP。所以，尽管 GNP 是一种对于常住居民所创造财富的计算，但计算 GNP 远比计算 GDP 要复杂。计算 GNP 常用的方法有许多，下面我们就来介绍几种：

1. 生产计算法。

这种方法是将各部门所创造的总产值去掉成本，得到一个增加值。将各部门的增加值进行相加，就得到了国民生产总值。

2. 支出计算法。

这里的支出计算法与 GDP 的支出计算法不大一样，除了个人消费支出和政府消费支出外，还要加上国内资产形成的总数，这个计算不仅要算消费额，还要加上已经被创造，但并没有投入消费的商品；最后再加上对外贸易创造的财富，也就是出口与进口的差额。

3.收入计算法。

如果将国民生产总值看作不同的生产要素，那么这些生产要素所创造的增加价值总数就是 GNP。在这一计算过程中，任何资金流动都成为再分配的一部分，全国各部门将每一笔资金流动进行相加，就计算出了国民生产总值 GNP。

政府每年都要公布各项指标，不会单独公布 GDP 或者 GNP，这也是有自己的考虑的，GDP 有着自己的缺点，GNP 同样也有。

尽管 GNP 相比 GDP 更接近人们的生活，但在计算的过程中还是忽略了社会成本及经济发展所付出的代价。忽略社会成本和经济发展的付出，也就不能正确地核算经济增长的效率，更不能反映社会财富是如何分配的。

| 第五节　大家都在讲的 GDP 是什么 |

有两个非常聪明的青年经济学家，他们经常为一些高深的经济学理论争辩不休。一天饭后去散步，为了某个数学模型的证明，两位青年经济学家又争了起来，正在难分高下的时候，突然发现前面的草地上有一堆狗屎。甲就对乙说，如果你能把它吃下去，我愿意出五千万。五千万的诱惑可真不小，吃还是不吃呢？乙掏出纸笔，进行了精确的数学计算，很快得出了经济学上的最优解：吃！于是甲损失了五千万，当然，乙的这顿加餐吃得也并不轻松。

两个人继续散步，突然又发现一堆狗屎，这时候乙开始剧烈的反胃，而甲也有点心疼刚才花掉的五千万了。于是乙说，你把它吃下去，我也给你五千万。于是，不同的计算方法，相同的计算结果：吃！甲心满意足地收回了五千万，而乙似乎也找到了一点心理平衡。

可突然，两个青年经济学家同时号啕大哭：闹了半天我们什么也没有得到，却白白地吃了两堆狗屎！他们怎么也想不通，只好去请他们的导师，一位著名的经济学泰斗给出解释。听了两位高足的故事，没想到泰斗也号啕大哭起来。好不容易等情绪稳定了一点，只见泰斗颤巍巍地举起一根手指头，无比激动地说："1个亿啊！1个亿啊！我亲爱的同学们，我代表祖国和人民感谢你们，你们仅仅吃了两堆狗屎，就为国家的 GDP 贡献了 1 个亿的产值！"

那么这两个聪明的经济学家真的创造了 1 个亿的 GDP 吗？从某种角度来说，的确是这样。GDP 究竟是什么呢？简单来说，GDP 就是国内生产总值，是一个国家或者地区内所有的常住单位，包括企业和个人，在一定时间内生产或者提供的产品和劳务的价值总和，即一整个国家或者地区在一年之内创造的所有物质财富，不管其到底是在本国流通还是在外国流通，都属于 GDP。GDP 是一个非常重要的指数，可以直接用来衡量一个国家的经济状况。

GDP 是最基本的经济指标，也是最直观的经济指标，通过GDP，我们可以了解一个国家或者地区完整的经济状况，为政

府判断经济状况，针对经济状况制定相应政策提供依据。如果没有 GDP，那么制定经济政策就需要参照数目众多，名目繁杂的各种指标，被淹没在巨大的数据中。

那么，让我们回到之前那个笑话，他们真的创造了 1 个亿的 GDP 吗？经济学家们计算 GDP 是有着严格的程序的，大概的 GDP 计算方法就是将一个国家境内，一年之中生产的所有产品和劳务的市场价值加起来，但实际上 GDP 的计算方法要严格得多。

例如，一个养猪场，以每斤猪肉 10 元的价格卖给某肉联厂 100 头猪，肉联厂将这 100 头猪加工成了猪肉，然后以 1500 元的价格将猪肉卖给了一家肉类加工公司，肉类加工公司又将其制成香肠等产品，以 2500 元的价格卖给了消费者。粗略地计算，整个交易过程产生了 5000 元的 GDP，但这种计算方式是不合理的。因为尽管价格产生了变化，但这几次交易中最为根本的猪的价值被计算了 3 次，肉联厂将猪加工成猪肉这一价值被计算了 2 次。

正确的计算方法应该是将原材料的价值剔除初次计算后的交易，如肉联厂将 1000 元的生猪加工成了 1500 元的猪肉，这个过程中肉联厂创造了 500 元的 GDP，肉类加工公司将 1500 元的猪肉制成了 2500 元的香肠，这个过程中要去除 1500 元的原材料价格，也就是创造了 1000 元的 GDP。所以整个交易过程创造的 GDP 只有养猪场创造的 1000 元、肉联厂创造的 500 元，以及肉类加工厂创造的 1000 元，总计 2500 元。

想要计算这个流程，就需要统计商品的每一次流动，这是一件非常复杂而烦琐的事情。于是，经济学家们创造了更加简单的方法，那就是以最终的销售额为主。生猪经过了各种加工方式，最后流入市场，进入了消费者的手中，最终卖出了 2500 元，那么产生的有效 GDP 就是 2500 元。除此之外，还有许多总结 GDP 的方法，但这种以最终销售额为主的支出法是最被广泛应用的。

那两个青年经济学家尽管互相交换了 5000 万，粗略计算产生了 1 个亿的 GDP。但实际上，两个人在资金流通的过程中没有创造任何价值，也就是说这并不是有效 GDP，而是一种无效 GDP。说到这里可能有人不能理解了，为什么 GDP 还有无效、有效的区别呢？

举个更加明显的例子：有某地农民，因为占地拆迁，就在自家房顶多加了一层房子，建筑费用 1000 元，也就产生了 1000 元的 GDP。后来听说不拆迁了，该房是临时建造，一直摇摇欲坠，该农民便将其拆除了，拆除又花掉人工费 200 元。后来听说自家另外一块地要进行拆迁，赶紧又用了 1000 元在新的用地建房。结果被村委会发现，勒令拆除违建，又用了 200 元将其拆除。

这种反反复复的过程看似产生了许多 GDP，但都是无效 GDP，归根究底，他的所作所为对于国家来说没有贡献，国家的财富没有增加。同理，还有天灾人祸，不管是重建家园还是救助伤者，都要花费大量的金钱，这些 GDP 也不是有效 GDP，不仅对国家财富没有增长，甚至还有所损害。

GDP 是非常重要的，但是我们不能有唯 GDP 论的心态。虚假地、人为去创造一些无效的 GDP，不仅对国家没有帮助，反而会造成资源的浪费，对社会也会造成危害。所以，我们在关注

GDP 的时候，更应该关注有效 GDP。

| 第六节　PPI 是衡量国家经济的"体温表" |

PPI（Producer Price Index），也称生产价格指数，是反映在生产中所产生费用的一种指数。这种指数与 CPI 不同，但是与 CPI 的关系却是千丝万缕。

某地农民种植大蒜，正赶上某些媒体夸大了大蒜的保健作用，导致大蒜的价格飞速上涨，农民赚了个盆满钵满。第二年该农民因为上一年的巨大收益选择了扩大大蒜的种植面积，并且因为种植大蒜的人数增加，所以种植成本、花费、农药等成本都上升了不少。由于央视对大蒜的保健作用进行了辟谣，食用大蒜的热潮已过，大蒜的价格回到了正常水平。因为成本提高、市场上的竞争对手增加，所以这一年的收入不仅比去年少，而且比正常的年份都要少上许多。

在这个案例中，农民用于种植大蒜的人工、化肥、蒜头、土地使用费用都是生产成本，即生产价格，种植成本提高就是 PPI 指数上升。第二年大蒜的价格降低，所降低的不是 PPI，而是 CPI。案例中所出现的情况不是一个常规的情况，而是一个经济波动的特殊情况。在正常的经济秩序中，PPI 的升高往往会让 CPI 也跟着升高，商家的生产价格提高了，自然会将成本转嫁到消费者身上。

PPI 在生活中对我们的影响并不明显，但是对于国家来说却是一个非常重要的指标，甚至可以称为是国家经济发展状况的"体温表"。生产环节的价格水平是国民经济核算的重要依据之一，也是制定相关经济政策的重要依据。PPI 主要体现了卖家角度的价格变化，描述了国内生产商获得销售价格平均变化。

PPI 并不是一个指数，而是以三个指数组成的一组指数，这三个指数以商品生产的三个阶段为准，分别是商品未做加工的原始阶段；商品已经经过一些加工，但还需要进一步加工的中间阶段；商品不再需要任何加工的完成阶段。我国主要统计的 PPI 是指商品的完成阶段，即产品的出厂价格。在我国，需要调查 PPI 的商品分为 8 大类，分别是燃料、动力类，有色金属类，有色金属材料类，化工原料类，木材和纸浆类，钢材、木材、水泥等建材类，农副产品类和纺织原料类。这 8 大类商品共有 4000 多种，需要调查的种类有 186 个。

PPI 的升高，不同的企业往往有着不同的反应。有的时候，PPI 升高会让企业盈利更多，因为企业产品的出厂价格提高了。但是如果市场竞争特别激烈，或者是原材料价格传达不利，PPI 提高就代表着成本提高，企业的盈利就会减少，整个社会的经济稳定性都会受到影响。

PPI 指数虽然对我们的生活影响并不明显，但也能对我们产生引导作用，让我们能够更好地预测经济的宏观发展和走向。如果原始产品的 PPI 持续走高，企业的生产成本就会提高，产出的产品就很有可能会涨价。一类产品的涨价往往会影响到市场上其他产品的价格，引领一波价格上涨，从而产生通货膨胀。在观察

PPI 时，经常将食品的价格和能源的价格从观察产品中去掉，两者都是价格容易波动的商品，食品是受到价格的影响，能源是受到国际走势的影响。

在正常情况下，PPI 对 CPI 有影响，CPI 是一个滞后的指标，而 PPI 不是。PPI 的升高代表了产品的出厂价格提高，CPI 也会随之提高。例如，小麦的价格上涨会造成面粉的价格上涨，而面粉的价格上涨会引起面条的价格上涨，随着面条的价格上涨，许多餐厅的价格也会随之上涨。正是因为有着这种影响，所以 PPI 与 CPI 的增长往往是保持一致的。

在我们最开始举的案例中，PPI 与 CPI 的走势就是不同的，这种现象主要有两种情况：一种就是我们案例中所说的，某项产品的发展处在一个不正常的环境下，或者受到政府、个人的不正常干预就会产生不正常的波动；另一种情况发生在人工价格变化的时候，PPI 只计算产品的价格，而 CPI 还要计算服务的价格。

PPI 对于投资者来说也是非常有意义的，投资者只需要关注最终生产阶段的 PPI，即产品出厂价格的波动。任何商品涨价都会给整个市场带来价格波动，造成通货膨胀。通货膨胀的时候，股票作为一种商品，价格也会上涨。

| 第七节　穷人越来越穷，富人越来越富 |

看到这个标题，人们首先想到的应该是马太效应。马太效应

是指穷人越来越穷，富人越来越富的现象，这种现象的成因是富人会用手中的资金进行再投资，通过复利赚取更多的利润。但我们今天要谈论的并不是马太效应，而是基尼系数。

基尼系数是从洛伦茨曲线中衍生出来的，所以我们想要了解基尼系数，就要先了解洛伦茨曲线。

洛伦茨曲线是根据统计学家洛伦茨命名的，他在1905年提出了该曲线的绘制方法。

首先，绘制一个长方形，长方形的高代表社会财富，将社会财富五等分，每一等分就是1/5的社会财富；长方形的长代表100个家庭，按照由贫到富的顺序，从左向右进行排列，每20个家庭分成一等分。也就是说，第一等分中的20个家庭就是收入最低的20个家庭。如果将每个家庭所拥有的社会财富百分比作为一个点，那么将这些点连起来就得到了一条曲线，这条曲线就是洛伦茨曲线，而这条曲线反映的系数就是基尼系数。

通过洛伦茨曲线的由来，我们大致可以明白，基尼指数表示的就是社会上的财富是如何分配的，即反映社会贫富差距的一个系数。我们常说，社会贫富差距大，不管在哪个国家，贫富差距过大都不是一个好现象。但贫富差距也有一个平衡点，超过了一定的范围，贫富差距过大就会影响社会发展，这种情况我们可以称之为基尼系数失衡。

在原始社会，贫富差距是不明显的。人们共同居住，共同狩猎，即便是有些人得到的资源多一些，有些人得到的资源少一些，但是也不会相差太多。随着人类社会的不断进步，贫富差距开始逐渐显露出来。有些人还住在茅屋里，而有些人已经住进了深宅大院；有些人食不果腹，有些人锦衣玉食。不管是什么原因造成了这种社会状况，没有获得更多资源的人会不可避免地产生不平衡的感觉。就是这种感觉引发了许多社会问题，甚至在封建社会，农民揭竿而起，推翻封建王朝，导致社会财富重新分配，也是因为贫富差距过大。基尼系数应该得到更多的重视，它是一个重要指标，不仅描述了收入整体差距的程度，更是对社会稳定性的一种反映。

基尼系数是一个百分比，最小的是 0，最大的是 1。0 代表了社会整体收入分配的绝对平均，而 1 代表了社会整体收入分配的绝对不平均，两者都是理想化的绝对数字，是不可能达到的。在现实生活中，基尼系数是在 0 ~ 1，越接近 0，就说明收入分配越接近平均；越接近 1，就说明收入分配越接近不平均。世界各国对于基尼系数的理解也不同，绝大多数国家认为 0.3、0.4 证明社会整体收入的分配比较合理，而到了 0.5 就说明收入分配差距较大，甚至出现贫富的两极分化。但总体来讲，各国对自己国家的基尼系数均有不同的界定。

日本是世界基尼系数最低的国家之一，基尼系数在 2013 年为 0.27，这已经是历史新高了。日本的基尼系数逐年上涨，并不是因为经济发展或者收入分配方式发生了变化，而是因为人口老龄化加剧，年轻人对于组建家庭不热衷。老人多数靠着退休金生活，收入相对较低，而单身的年轻人作为一个家庭，自然没有夫妻二人的家庭收入高。其他发达国家的基尼系数也很低，欧洲发达国家一般在 0.3 左右；美国作为超级大国，基尼系数到达了 0.4 的警戒线。影响美国基尼系数很大一部分原因是美国的税率，相对于日本等国家来说，美国的有钱人要缴纳的赋税是比较大的基石。

保险市场有以下类型：

1. 按照保险业务承保程序的不同，保险市场可以分为原保险市场和再保险市场。

原保险市场也称为直接业务市场，是保险人和被保险人通过订立保险合同而直接建立保险关系的市场，即我们日常生活中接触最多，认知最多的保险业务。

再保险市场主要指保险人将已经建立好的保险业务，再一次通过保险合同，与再保险人形成新的保险关系，由此把风险转嫁给再保险人的市场。

2. 按照保险业务性质的不同，保险市场可以分为人身保险市场和财产保险市场。

人身保险市场主要是为社会公民提供各种人身保险业务的市场，如医疗保险、人身意外保险等。

财产保险市场则主要是为人们提供各种财产保险业务的市场。

3. 按照保险业务活动的空间不同，保险市场可以分为国内业务市场和国际保险市场。

国内业务市场的服务区域主要在本国境内，其按区域范围又能进一步分为全国性保险市场和区域性保险市场。

国际保险市场则主要指由国内的保险人所经营的国外范围的保险业务的市场。

4. 按照竞争程度的不同，保险市场可以分为垄断型保险市场、垄断竞争型保险市场和自由竞争型保险市场。

当一家或几家保险人独占市场保险份额时，这种市场就称为垄断型保险市场，包括完全垄断和寡头垄断两种形式。

众多大大小小的保险公司在市场中得以自由竞争且并存，当少数大公司在保险市场中具有某些业务的局部垄断地位时，这种市场就称为垄断竞争型保险市场。

只有当保险市场上存在各种各样的保险人，且保险业务商品交易实现完全自由化，并按照市场供求规律和价值规律来正常运行的保险市场，才能称为自由竞争型保险市场。

需要注意的是，在当今世界上，任何发达的保险市场背后都有完善的再保险系统。可以说，再保险公司就是保险公司强而有力的支持后盾，保障了保险业务的稳定性。虽然再保险市场是在保险市场的基础上发展而来的，但需要注意的是，它并不是保险市场一个简单的延伸，而是保险市场不可或缺的重要组成部分。

| 第八节　黄金市场——买卖金灿灿的硬通货 |

黄金是人类较早发现并利用的贵金属之一。由于黄金具有高密度、易延展、不变质等特殊的自然属性，因此被人类赋予了社会属性，正如马克思在《资本论》中所写到的那样："金银天然不是货币，但货币天然是金银。"无论人类历史如何变迁、国家政权如何更迭、货币种类如何变更，黄金却因其独特的自然属性而成为价值永存的人类货币。

黄金因其所具有的保值和增值功能而成为投资市场的宠儿。相比于其他金融投资项目来看，黄金的投资历史更加久远。国际

上所通行的黄金交易市场也要比股票市场更加规范，收益也相对更高。

黄金交易与证券交易一样，都有一个固定的交易场所，集中进行黄金买卖的交易场所就是黄金市场。世界各地的黄金市场都是由黄金交易所构成的，黄金交易所一般设在各个国际金融中心，是国际金融市场的重要组成部分。在黄金市场上进行买卖的黄金形式多种多样，包括各种成色和质量的金条、金币、金丝和金叶等，其中最重要的是金条。黄金的价格按照纯金的质量计算，即以金条的质量乘以金条的成色。

第二次世界大战之后的一段时期，西方国家官方机构的黄金交易绝大部分是通过美国财政部按照黄金官价用他们持有的美元来兑换黄金。1971 年 8 月 15 日，美国宣布不再对外国官方持有的美元按官价兑换黄金。从此，世界黄金市场进入自由市场阶段。由于黄金市场内的金商严守信用，因此黄金市场基本保持着良好的秩序，很少有违规之事发生。

黄金价格的上涨和下跌，是直接影响投资者投资策略的指示器。有经验的投资者，首先要从影响黄金市场价格上涨和下跌的原因入手，准确获悉未来黄金市场的走势，力图做到"低买高卖"，从黄金投资中获利。

尽管如今世界黄金总量的很大一部分仍是储备在各国政府手中，但是世界黄金市场的参与人主要是民间力量，他们构成了当前世界黄金交易量的 95％以上。这其中还有很多都是首次投资黄金的客户。出现这一情况是由于黄金具有保值性特征，如今的美元由于美国经济不稳定已经逐渐丧失了其世界货币的地位，而投资黄金正好可以用来应对美元贬值带来的负面影响。

目前，国内黄金投资主要分为两种。第一种是实物黄金交易，即可以提取实物黄金的交易方式。这种交易方式的优势在于投资者可以持有实物黄金，便于个人收藏和馈赠亲友，但它的缺陷在于实物黄金的保存、运输和鉴定都需要投入额外的费用和精力，紧急情况下还有可能出现难以兑现的问题。第二种是纸黄金交易，它指的是只能通过账面反映买卖状况，不能提取实物黄金的交易方式。纸黄金交易与实物黄金交易相比，不存在仓储费、运输费和鉴定费等额外的交易费用，投资成本较低，同时也不会遇到实物黄金交易通常存在的"买易卖难"的窘境，因此，如果期望通过黄金投资获得交易赢利，纸黄金交易是最好的选择。除了上述两种交易方式之外，黄金投资还有黄金管理账户、黄金凭证、黄金期货、黄金期权、黄金股票、黄金基金和国际现货黄金等种类。

黄金投资是世界上税务负担最小的投资项目。相比之下，其他很多投资品种都存在一些让投资者容易忽略的税收项目。特别是遗产税，如果一个人想将财产转移给他的下一代，最好的办法就是将财产变成黄金，然后由他的下一代再将黄金变成其他财产，这样将彻底免去高昂的遗产税。

从长期来看，黄金价格还是要上涨的。第一，经历了20年的熊市后，黄金价格仍有上涨的空间；第二，金融海啸以后，货币贬值、通货膨胀、经济衰退等因素奠定了黄金价格进一步上涨乃至大涨的基础；第三，金融海啸开始后，出现了实物黄金紧张，黄金供不应求的局面。在这轮金融危机中，美国即使在最危险的时候都丝毫没有动用高达8600吨的黄金储备。这是因为美元是全球最主要的流通货币，必须具备足够的黄金抵押物。欧洲各国也在维持和扩大黄金储备，包括对于维持欧元有举足轻重作用的德国，以及没有加入欧元体系的英国。

中国与印度正在大规模购买黄金。有人说这显示了它们正在成为日后的重要独立货币国，也是重要的新兴增长经济体。

中国大规模增加黄金储备的行为会起到以下作用：第一，短期内刺激金价上扬；第二，引领主权国家购买黄金潮流；第三，对美元称霸世界起到牵制作用。

广大中国投资者也在积极地关注着黄金投资领域。在现有条件下，中国的黄金投资者需要稳扎稳打，长期跟进，杜绝投机心理，这样就能做到资产的长期保值。

第九节　外汇市场——货币转换的"金矿"

外汇是国际间汇兑（Foreign Exchange）的简称。外汇可以作为动词也可以作为名词使用。作为动词的外汇又称动态外汇，是指把一国货币兑换成为另一国货币以清偿国际间债务的金融活动。从这个意义上来说，动态外汇等同于国际结算。作为名词的外汇又称静态外汇，它泛指一切对外金融资产。中国现行的《中华人民共和国外汇管理条例》第三条规定，外汇是指以外币表示的可以用作国际清偿的支付手段和资产。国际货币基金组织对外汇的解释为：外汇是货币行政当局（中央银行、货币机构、外汇平准基金和财政部）以银行存款、财政部库券、长短期政府证券

等形式所保有的在国际收支逆差时可以使用的债权。

外汇种类繁多，包括外国货币、外币存款、外币有价证券（政府公债、国库券、公司债券、股票等）、外币支付凭证（票据、银行存款凭证、邮政储蓄凭证等）。

外汇市场是专门买卖外币以及以外币结算的有价证券的市场。外汇市场按照外部形态进行分类，可以分为无形外汇市场和有形外汇市场。

无形外汇市场，是指没有固定、具体场所的外汇市场，也可以称为抽象外汇市场。无形外汇市场最初流行于英国和美国，因此也有人称这种外汇市场的组织形式为英美方式。现在，这种组织形式不仅扩展到加拿大、日本等其他地区，而且也渗入欧洲大陆。

无形外汇市场的主要特点有三个：第一，它没有确定的开盘与收盘时间；第二，外汇买卖双方无须进行面对面的交易，仅凭借传真、电报和电话等通信设备与外汇机构联系；第三，各主体之间有很好的互信，这也是无形外汇交易能够实现的重要保证。

有形外汇市场，也称为具体的外汇市场，是指有具体的固定场所的外汇市场，这种组织形式形成于欧洲大陆，因此也称为大陆方式。

投资外汇想要获利主要靠下面两种方法：

第一种方法是套期保值，即保值性的期货买卖。这种期货买卖方式与投机性期货买卖的目的不同，它不是为了从价格变动中获利，而是为了避免外汇因日后汇率的变动而遭受损失。

第二种方法是投机，即预测价格变动而买卖外汇。在外汇期货市场上，投机者可以预测汇率的变动，进行投机性投资，以期从中获利。

外汇市场与其他金融市场相比，其优势在于外汇市场 24 小时无休，不存在交易所营业时间问题，资金流动性极高，几乎无内幕及市场操纵行为等。与期货市场相比，外汇市场有着更高的成交即时性及便利性。与股票市场相比，外汇市场最大的优势在于无论在熊市或牛市，买方或卖方都有同样的获利机会。

老王是北京市的一位兼职"汇民"，已经有两年"汇龄"了。老王的本职工作与金融毫无关系，但自从 2009 年金融危机后，各种金融投资掀起了"保值""升值"热潮，让他产生了投资外汇市场的念头。

2010 年年初，老王借着一次出国旅游的机会特意带回来 3000 多美元，他没有马上去银行兑换人民币，而是到银行开设了一个外汇账户，加入了炒汇大军。

刚刚开始的时候，老王坐在银行里，看着报汇价的大屏幕上各种数据、走势图乱飞，根本抓不住头绪。后来，他开始向一些专业人士请教。一位行家告诉他：现在介绍外汇的专业书不多，写得好的更少，不如看看炒股方面的书。于是老王从 K 线图学起，逐步了解了各种技术指标、上升趋势、下降趋势等。

现在，老王已经深深地迷上了投资外汇这一副业，他说："汇民必须眼观六路、耳听八方，要多关注国际大事，尤其是美国大选等大事件都会对汇市走向产生重大影响，决定着手中的外币是抛还是留。"在过去一年，老王在外汇市场上挣到了不下 15% 的利润。

但并不是每个人投资外汇都会赚到钱，究其原因，首先在于他们把外汇交易看作一种不需要努力工作就可以赚到钱的投资。

但事实上，任何投资都不可能没有风险，必须时刻保持谨慎的态度，严格遵守市场交易的原则，才能有备无患。具体说来，投资外汇要做到以下几点：以闲余资金投资；知己知彼；切勿过量交易，避免被迫"斩仓"；正视市场，摒弃幻想；一旦决定就不要轻易改变；当机立断，不可拖泥带水；当不能肯定时，暂抱观望态度；忘记过去的价位；学会忍耐；定下止损位置，并严格执行。

 # 第五章　钱管家，你知多少？

——看看金融机构后面的金融学真相

　　如今没有多少人会把所有的钱放在家里或保险柜里，而是会投向各种各样的金融机构，如存在银行吃利息、购进股票等"升值"、投入保险享分红等。那么，当我们将钱投放到这些金融机构之后，又是谁在管理我们的钱呢？不同机构各有千秋，先了解再选择也不迟。

第一节　货币的"管家"——银行

公元 1057 年，蔡襄至福州时，作《教民十六事》，其中第六条为"银行轧造吹银出卖许多告提"。这是"银行"一词单独出现最早的时间。

银行，顾名思义，"银"就是银子，"行"就是商行，合起来便成了"银行"。的确如此，"银行"最初指的就是关于银子的商行。

在宋朝，社会公认的货币是铜钱，但黄金和白银已经具有了一定的货币职能。那时候，专营黄金和白银兑换或专门打造金银首饰的店铺就被称为"金行"和"银行"。鸦片战争以后，现代银行被引入中国。当时的中国白银已经成为普遍流通的货币，于是中国人便将那些办理存款、贷款、账号划拨、支票兑现等业务的机构称为"银行"。

上面说的是"银行"的汉语词源，那么在西方语言中，"银行"（Bank）又是如何起源的呢？让我们追溯一下这段重要的金融史吧。

中世纪中期的欧洲，国家间的贸易往来日趋频繁，意大利的

威尼斯、热那亚等几个港口城市地处亚非拉三大洲交汇处，紧邻地中海，是水运要道，久而久之成为欧洲最繁荣的商业贸易中心。在这里，各国商贩带来了五花八门的金币和银币，这些大小、成色、密度都不同的金币、银币想要交换和流通，就必须有一个权威的估价和兑换部门。就这样，货币兑换商的职业出现了，他们凭借专业的知识和鉴别技能，成为专门为别人鉴别、估量、保管、兑换各种货币的人，这便是西方现代银行家的前身。

最初，货币兑换商还没有集中的办公地点，他们会坐在港口或集市上的长板凳上等候需要兑换货币的人前来兑换。渐渐地，人们开始把这些专门为人兑换货币的人称为"坐长板凳的人"（Banker），而这些人就是早期银行家的前身，他们所经营的货币兑换机构则被形象地称为"板凳"（Bank）。想象一下，我们现在去银行办理业务时是不是也要经常坐在板凳上等待？如此说来，将银行称为"板凳"还真是形象呢！

银行是商品货币经济发展到一定阶段的产物。

起先的货币兑换商只经营货币兑换业务，随着生意的扩大，其中的少数人又开始为商人们提供汇兑业务，吸收存款并发放贷款，同时向实业投资和商业贸易领域进军。至1338年，在佛罗伦萨经营货币兑换业务的商号已达到80多家，其中的佼佼者当属巴尔迪（Bardi）家族和佩鲁齐（Peruzzi）家族，我们也可以称之为巴尔迪银行和佩鲁齐银行。

那时的家族银行不仅从事货币业务，也从事商业和实业业务。例如，佩鲁齐家族经营的主业是纺织业，他们从英国购买羊毛，然后贩卖到巴黎、那不勒斯；同时将东方运来的丝绸、药物、香料推广到整个欧洲市场。广泛的市场需求推动了巨大的信

贷需求，也为佩鲁齐家族创造了巨额的财富。以银行业的活跃与银行家族的兴盛为依托，佛罗伦萨成为了当时整个欧洲的金融中心、贸易中心和经济中心。

然而盛极必衰，1339 年爆发的英法战争给佩鲁齐家族带来了毁灭性的打击。其缘由是这样的，英法战争爆发后，海外贸易的停滞切断了佩鲁齐家族的财路，偏偏在这个时候，英法双方都借机打压佩鲁齐家族。原来佩鲁齐家族与英法双方都有商业贸易往来，双方手上都拥有佩鲁齐家族大量的贷款。英法战争爆发后，法国逮捕了许多佩鲁齐家族商业分支机构的代表，而释放他们要付出大笔赎金；而债台高筑的英国国王爱德华三世则直接宣布拒绝偿还巴尔迪银行和佩鲁齐银行的巨额贷款。这一赖账行为直接导致了巴尔迪银行和佩鲁齐银行的破产。这两家银行破产的效应随即从佛罗伦萨扩散开去，波及了整个欧洲，欧洲金融业和实业因此全盘崩溃。

尽管佩鲁齐银行曾经称霸欧洲，又消逝得令人唏嘘，但它还算不得"地理大发现时代"以前世界影响力最大的银行，这一殊荣只有 1397 年成立于佛罗伦萨的美第奇（Medici）银行可以担当。和佩鲁齐家族一样，美第奇家族也是海外贸易的高手：经营从亚洲运来的羊毛、丝绸和其他奢侈品，垄断了明矾（当时是重要的染色剂）贸易。当然，贷款业务也是他们的强项——美第奇银行以高利率向国王、教皇和商人借贷，教皇是他们最大的客户，同时他们也帮助教皇征管巨额资产。在美第奇家族早起的银行业务中，有一个特别引人注目的业务，就是商业汇票。

怎么解释欧洲中世纪的商业汇票呢？

让我们先来了解一下欧洲中世纪的商业汇票。例如，两个人买卖羊毛，买方可能并没有现金，他必须将羊毛制成羊毛大衣并卖出之后才有钱支付给卖羊毛的人，因此他就开了一张票，上面注明某某某欠款多少，这张票据是可以转让的，即使转到他人之手，持票人也可以拿着这张票据来找买羊毛的人要钱，这就称为商业汇票。

那时的佛罗伦萨是欧洲的商业贸易中心，遍地都是急需现金的人，他们愿意将手里的商业汇票低价转让。美第奇银行的业务就是吸收公众存款，用公众存款来低价购买这些商业汇票，到期后将其按照票面价值兑现。

在罗马教廷统治下的意大利，美第奇这种敛财行为被看作是罪恶的。因此，富可敌国的美第奇家族在佛罗伦萨曾多次遭到政府驱逐，财产没收充公，住宅被焚毁，家族成员被流放、处死、暗杀的打击。但每一次打击过后，统治者都会发现，他们比以往更加需要美第奇家族，于是不得不恭恭敬敬地再把美第奇家族的人请回来。就这样，美第奇家族"统治"了佛罗伦萨达300多年。

另一方面，让美第奇家族名垂青史的不仅是其财富，更重要的是它对于意大利文艺复兴做出的巨大贡献。

美第奇家族从银行业挣下了巨额利润，又源源不断地将财产投入佛罗伦萨的艺术、科学和建筑事业上。从波提切利、达·芬奇、拉菲尔、米开朗琪罗、提香等这些现代艺术的鼻祖们到桀骜不驯的科学家伽利略，文艺复兴时期的杰出代表绝大多数受到过美第奇家族的资助。

听一听这些如雷贯耳的名字便可知晓，美第奇家族被视为"文艺复兴教父"绝非浪得虚名，如果没有美第奇家族的援助，欧洲的"文艺复兴"是不可想象的事情！

即便到今天，在意大利的佛罗伦萨，从圣科马修道院到圣洛伦佐教堂，从乌菲兹美术馆到碧提宫，从波波里庭院到贝尔维德勒别墅，这些著名景点都与美第奇家族息息相关。

在佩鲁齐和美第奇这两位"龙头老大"的带头作用下，越来越多的银行登上历史舞台。这些银行之中，最值得一提的便是荷兰的阿姆斯特丹银行（Bank of Amsterdam）。

荷兰这个国家最初的建立，是由于西班牙的商人们不愿忍受王室的压榨，便于1851年合伙成立了一个联省共和国，从西班牙独立出来。在荷兰独立之时，欧洲的货币不仅五花八门、种类繁多，而且每一种货币的质量、金币含金量、银币含银量和铜币含铜量都不同，其价值计算极为烦琐，给贸易带来了极大的不便，这对于以商业和贸易立国的荷兰来说确实是一个大难题。

不仅如此，从金币、银币上"揩金""揩银"的现象也十分普遍，即将金币与银币互相摩擦碰撞，蹭掉少量金银碎屑，原来的硬币还可继续使用，而金银碎屑积少成多，则可凭空赚上一笔。为了解决金属铸币标准不同的问题，保护本国商业利益，1606年，阿姆斯特丹市议会决定成立一家银行，这就是1609年正式开始营业的阿姆斯特丹银行。阿姆斯特丹银行的特点是，无论存款人存入的是外国铸币还是本地铸币，或者是金块、银块，一律要经过称重和金属含量检验，然后该银行会按照金属的真实价值折算成标准的荷兰盾记账，发给存款人一个证明，存款人就用其存款证明的信用与所有人进行交易。

简言之，人们的钱一旦存入阿姆斯特丹银行，就会自动转化为标准的荷兰盾。其实，这个时候荷兰盾并没有作为货币真实存在，它只是阿姆斯特丹银行的一个标准记账单位而已。

这样一来，阿姆斯特丹银行将所有存入其中的金属铸币标准化（当时全世界都在使用金银作为货币），这不仅省去了金银币兑换的麻烦，而且消除了汇率波动的风险，大大促进了商业和贸易的发展。因此，一时间，人们争相到阿姆斯特丹银行存款，以将自己的钱换成标准的荷兰盾为荣。

阿姆斯特丹银行由市政府担保，所有存款不能用于任何其他目的，更不允许放贷赚钱，因此银行各分支机构都储存了大量现金，根本没有任何停止支付的危险，这使得阿姆斯特丹银行成为17、18世纪全世界最有信用的金融机构。

1672年，法国与荷兰发生战争，法国国王路易十四军队即将开进阿姆斯特丹市，惊恐万分的荷兰商人纷纷涌进银行要求兑现，阿姆斯特丹银行显示出了强大的信用能力，所有的兑现要求都得到了支付。结果却让人啼笑皆非，当大家见识到银行完全可以满足所有人的兑现要求后，反而不想取款了。

在这样的信用支撑下，到了18世纪，阿姆斯特丹银行开始发行纸质凭据——银行券，这些银行券证明了人们存放于银行中的一定数量金银的所有权。在任何时候，人们只要拿着银行券到该行去提款，都能即刻兑现金银货币。为了保证银行券的流通，荷兰政府还规定，凡是在阿姆斯特丹市600荷兰盾以上的汇票，都必须用银行券来支付。为了兑付外国汇票，荷兰商人们不得不习惯与这些银行的汇票打交道。随着银行券逐渐替代白银，人们很少在交易过程中使用实物白银，而是直接用银行券买卖商品，纸币交易就这样慢慢地流行起来。

尽管阿姆斯特丹银行拥有如此强大的能力与影响力，但它的命运实际上与荷兰的国运联系在一起，与荷兰东印度公司的兴衰

连接在一起——伴随着1780年荷兰对英战争的失败，东印度公司的船只和货物损失严重，阿姆斯特丹银行的经营也日益困难，甚至开始限制和拒绝储户的铸币兑现要求。

1819年，以信用著称而运行了200多年的阿姆斯特丹银行宣布倒闭，这也象征着荷兰这个曾经称霸世界的国家逐渐衰落了。

那么，银行是如何实现财富骤增的呢？它有自己最独到且威力强大的武器，那就是"信用"。

让我们回到阿姆斯特丹银行的例子，阿姆斯特丹银行又被称为"阿姆斯特丹汇兑银行"，因为阿姆斯特丹银行只是为了实现金银币标准化和汇兑而存在，不开放私人贷款业务，也不允许私人账户透支。所以实际上，阿姆斯特丹银行是一个反面的例子，它并没有很好地利用"信用"这一财富增值利器。

事实上，只有中央银行才能将信用的威力发挥到极致。接下来让我们看一个正面的例子：英格兰银行的"发家史"。

英格兰银行的历史大致可以分为四个阶段。

第一阶段：初步获利。

迫于财政压力，英格兰国王接受了威廉·帕特森的建议，通过立法的形式，以国王的名义组建了一家享有纸币发行垄断权的股份制银行公司——英格兰银行。在成立后极短的时间里，英格兰银行就募集到了120万英镑的股份，借此，英国王室解决了战争资金不足的燃眉之急，而成为银行股东的商人们也利用发行黄金券的权利，隐隐有取代地主，成为英国经济控制者的趋势。不过此时，银行家也不过是高级金匠而已，利用"信用"实现财富骤增的时代还远远没有来临。

第二阶段：遭遇对手。

英格兰银行不断扩大的业务和高额的利润，让南海公司眼热不已。这家同样具备强劲实力的大公司通过大肆贿赂战胜了英格兰银行，从英格兰银行手中接手了全部国债，同时发行股票，以募集购买国债的资金。由于南海公司的股票具备国家信用的性质，从农夫到教授，从普通民众到国王，所有的人都对其发行的股票疯狂追逐，因此短短几个月间，其股价就涨了四倍。

股价暴涨和先期投资者的获利，使人们的心理发生了强烈的变化，不劳而获的投机思想大肆蔓延，于是大量的不从事任何业务的"皮包公司"纷纷出现，就像 20 世纪初的美国一样，经济泡沫越堆越高，经济气球越吹越大。

第三阶段：重夺主动权。

泡沫堆得再高终有破裂的一天。随着《泡沫法案》的颁布和南海公司腐败黑幕的披露，南海公司的股市情况一路暴跌，一蹶不振。就连大科学家牛顿也赔进去 10 年的薪水，计算出天体运行轨迹的牛顿终究低估了人类的疯狂。他读懂了头顶的星空，却无法勘破人们的心。

此时，英格兰银行扮演着什么样的角色呢？实际上，英格兰银行和南海公司一样，其发行的纸币对经济泡沫的堆积起到了不可或缺的作用，并在其中赚到了高额的利润。但是，不管怎么说，英格兰银行发行的商业票据是和金银货币——对应并且可以随时兑换的，这无疑给了公众极大的信心。在南海公司泡沫事件之后，英格兰银行重新掌握国债的独家承销权，并且独家发行伦敦附近地区的纸币。

其后，英格兰银行利用自身强大的信用，通过《银行特许条例》，获得了发行库存金银价值四倍的纸币的特权。这里应注意，

阿姆斯特丹银行库存一枚金币的时候，只能发行面额为一枚金币的纸币，而英格兰银行却可以在这种情况下发行价值四枚金币的纸币，三枚金币无异于从天而降。

马克思说："资本如果有50%的利润，它就会铤而走险；如果有100%的利润，它就敢践踏人间一切法律；如果有300%的利润，它就敢犯下任何罪行，甚至冒着被绞死的危险。"不难想象，银行为了维护高额的利润曾做出过怎样铤而走险的事。不过，三倍的财富和其下一阶段的利润相比，实在不算什么。

第四阶段：无限信用。

随着第一次世界大战的来临，英国财政出现危机，英国政府把稳健的金本位制度完全抛在了脑后，而掌握了垄断的纸币发行权的英格兰银行就拥有了"想印多少就印多少"钞票的权力。设想一下，如果一个人拥有这种信用，就可以根据所谓的"需要"印制纸币了，即使除了那台印钞机以外一无所有，也可以在第二天成为世界上最有钱的人。将无限的信用转化成无限货币的美梦终于实现了。第二次世界大战之后，英格兰银行的模式逐渐被西方各国所采纳，中央银行纷纷出现在法、德、奥、意等国家。

第二节　我国的银行体系概况

1948年12月1日，中国人民银行在河北省石家庄市宣布成立，并首次发行第一套人民币。

在中国近代史之前，即 1840 年鸦片战争之前，类似现代银行的钱庄、票号之类的机构早已存在，著名的晋商很多就是以此发家的。但是，这些商业形式和现代银行相去甚远，因此不再赘述。

清政府于 1897 年组建了中国通商银行，之后不久又组建了户部银行、交通银行，这些银行发行纸币，承担存贷业务，已经具备了现代银行的特征。

1912 年，清政府灭亡之后，民国政府像世界其他现代国家一样，将中国银行（原清政府户部银行）确定为纸币发行机构。实际上直到 1935 年之前，中国的法定货币都是银圆，纸币是作为银圆的兑换凭证而存在的。手持银行发行的纸币，理论上可以在中国银行随时兑换成足额的银圆。

值得一提的是，在这一段时间里，中国民族资本获得了长足的发展，一大批民间商业银行纷纷出现，盐业银行、农商银行，以及由大名鼎鼎的晋商出资成立的山西裕华银行都是其中的代表。这些民间商业银行也纷纷发行自己的钞票，当然，同中国银行的纸币一样，这些钞票也与银圆直接挂钩。

1935 年，南京国民政府站稳了脚跟。此时，南京国民政府放弃了银本位制度，规定由中央银行、交通银行、中国银行三家银行发行法币，作为法定货币，禁止银圆流通，也不允许其他银行继续发行纸币。这样一来，南京国民政府便将货币发行权和中国的经济命脉牢牢地抓在自己手中。

此处要提醒大家注意，法币发行之初，南京国民政府规定以法币 1 元兑换银圆 1 元。民国时期的银圆又大又厚，含银量高，十分沉重，即 1 枚银圆的购买力是很大的。同时，1945 年，法币的发行总量只有 4.5 亿元，这个数字和当时人口数量相当。也就是说，如果一个人手里有 1 元法币，那么这个人已经拥有了全国 4.5 亿分之一的财富。我们可以做一个对比，截至 2011 年年底，人民币的发行总量是 90 多万亿元，如果拥有 4.5 亿分之一，那就是 40 多万元。

在这之后，法币发行量一路飙升，到 1945 年，法币总量已经达到 5569 亿元，4.5 亿分之一也就变成了 5569 亿分之一，贬值 1000 多倍。3 年之后，发行量达到 600 万亿元，又贬值 1000 多倍。之后，南京国民政府又变法币为金圆券，可以说，除了民国政府手中的真金白银，全国人民已经一无所有。

最后，我们简单介绍新中国银行的发展历史。在中华人民共和国成立前夕，解放区就成立了自己的银行，发行了自己的纸币。人民的银行当然称为中国人民银行，人民的纸币当然称为人民币。在计划经济的大环境之下，商业银行没有存在的基础，金融机构也很简单，所以，全国只有一家银行，统存统贷，全都由中国人民银行独家完成。

随着改革开放和金融机构的复杂化，人民银行显然无法承担如此繁重复杂的各项职能，商业银行业务、保险业务、部分外汇业务逐渐从中国人民银行剥离，陆续成立了中国农业银行、中国银行等国有商业银行。接下来，就是中农工建四大商业银行承担商业银行职能，股份制商业银行（交通银行、中信银行、华夏银行等）成立，民营资本银行（民生银行）成立，专营银行投资业务的证券公司出现。

中国人民银行逐渐转型成为专门的中央银行，以其为核心的与西方相似的银行在现代中国被确立下来。

第二次世界大战之后，亚洲、非洲、拉丁美洲等国家纷纷在国内设立中央银行。在当今世界，以中央银行为核心的金融体系已在全世界各国确立下来，其中包括大名鼎鼎的美国联邦储备委员会、欧洲银行，当然还有我们的中国人民银行。既然中央银行基本不承担商业职能，那么中央银行都做些什么呢？其职能概括起来有四个方面：印制钞票、管理银行、调控经济、代表政府。以下进行详细说明：

1. 印制钞票。

在金银本位货币制度的货币体系中，理论上讲，作为货币流通的应当是金银，但是金银又大、又脏、又沉，很不好用。你把一块金子存到银行，银行给你一张钞票，以表明你在银行存着金子；你给政府干活了，政府本来应该给你金子，但它就给你一张纸，这听起来入情入理，钞票就是金子，金子就是钞票。在这个时候，银行得存着金子才能给你钞票，有多少金子才能印多少钞票。

在当今世界，已经没有一个政府实行金银本位货币制度了，银行也没有那么巨大的黄金储量。你给政府干活了，政府说，对不起啊，要金子没有，给你打个白条吧。别人打白条，你是万万不肯的，谁知道他们哪天就卷铺盖跑没影了，跟谁要去啊？但是政府不同，它有信用，最关键的是，它的信用已被普遍接受，拿着政府的白条就可以买米、买面了。这张"白条"就是现在我们手中的钞票。它并不说明你手中有多少财富，有多少金银，只说明你是中央银行的债主。

2. 管理银行。

大家都知道，中国的中央银行受国务院领导，是政府机

构，虽然有"银行"二字（因为它也办理存款、贷款、汇兑等业务，只不过是面向银行的），但是和诸多商业银行大大不同。商业银行是企业，政府机构的职责是管理，所以中央银行是管理金融机构，即收集存款准备金、给商业银行贷款、对商业银行清算。

3.调控经济。

中央银行具备金融管理职能，进行金融管理的目的就是调控经济。随着中央银行的不断发展，现代商业银行可以运用调整利率、调整存款准备金率、公开市场操作三大手段调控整个经济的运行，使经济不要过冷或过热，不要出现不可接受的通货膨胀或者通货紧缩，保持经济平稳运行。更进一步，可以利用三大手段不断刺激经济增长。

4.代表政府。

代表政务就是经管国库、代理国债、管理外汇、储备黄金，等等，并且对外参加国际金融组织，参加国际会议。

| 第三节 "银行的银行"是中央银行 |

一个国家的中央银行是这个国家金融体系的核心，是全国信用制度的枢纽。它在制定和执行货币政策方面起着特殊的作用，

因此也是国际金融体系的"神经中枢"。

中央银行是代表一国政府调控金融、经济发展的特殊金融组织，世界上任何一个国家都有自己的中央银行，中国的中央银行是中国人民银行。

在很多人的观念里，银行就是办理存贷款的地方，可是却没听说有人在中央银行开户、存贷款。当我们想把钱存进银行或者要去银行贷款时，可以选择的银行有很多，但中央银行却不在被选择之列。其实，中央银行不是不办理贷款业务，只是它的业务对象比较特殊，不是平民百姓，而是政府和其他商业银行。

这样看上去，中央银行似乎离我们的生活较远，其实不然，我们的生活时时刻刻都离不开中央银行。在中国，中国人民银行是人民币的发行机构，如果哪张人民币上没有印着"中国人民银行"几个字，那它一定是假币。其实中央银行的作用不仅仅是发行货币，如前所述，它是一国金融系统的"神经中枢"，起着主导其他银行的作用。

让我们来看一看中央银行是如何做国家金融系统的"神经中枢"，又是如何主导其他银行的。

1. 中央银行是国家的银行。

中央银行可以代表国家从事金融活动如制定和执行货币政策、实施宏观经济调控等。在必要情况下，中央银行还向政府提供贷款，帮助政府平衡财政收支。此外，中央银行还保管国家的黄金储备和外汇储备，代表政府参加各种国际金融组织。在有些国家，中央银行还承担着监督管理商业银行的职能。

2. 中央银行是银行的银行。

通常情况下，中央银行不与普通的企业和个人打交道，只与商业银行和其他金融机构有业务往来。商业银行虽然是银行，但也会有资金周转不灵的时候，在这个时候，中央银行就会以"最后贷款人"的形象出现，为商业银行提供流动资金，帮助它们渡过难关。因此，中央银行是许多商业银行的重要支柱和依靠。此外，中央银行还保管着商业银行的存款准备金，保障商业银行稳定运行。为了保证商业银行和其他金融机构票据清算的便利，中央银行还维护、组织全国票据清算系统。

3. 中央银行是发行货币的银行。

在许多国家，货币的发行权掌握在中央银行手中，其他任何组织和个人不得发行货币，中国就是这样。中央银行要根据经济运行的情况，合理调节市场流通中货币的数量，保障币值的稳定，维持货币流通的秩序。中央银行不能想当然地滥发货币，货币发行过多、过少都不利于经济的运转和人们的正常生活。

中国在清朝康熙年间就出现了中央银行的雏形。1948年，中国人民银行在石家庄市成立。1949年，中国人民银行迁入北京市。1995年3月18日，全国人民代表大会通过了《中华人民共和国中国人民银行法》，这是中国首次以国家立法的形式确立中国人民银行作为中央银行的地位。它标志着中央银行体制走上了法制化、规范化的轨道，是中国中央银行制度建设的重要里程碑。

现在，中国人民银行主要负责实施货币政策、维护金融稳定和提供金融服务。随着国家对中国人民银行的不断调整，中国人民银行对国家经济发展起到了越来越大的作用。

| 第四节　全球范围的放贷者——世界银行 |

世界银行是世界银行集团的简称，它是一个国际组织，它最初的产生是为了帮助在第二次世界大战中受到战争破坏的国家进行重建。世界银行与国际货币基金组织一样，都产生于1944年7月的布雷顿森林会议之后。1945年12月，世界银行正式宣告成立，1946年6月开始办理业务，1947年11月成为联合国的专门机构。世界银行的成员国必须是国际货币基金组织的成员国，但国际货币基金组织的成员国不一定都参加世界银行。

随着时代的发展和人类的进步，今天，世界银行的任务已经从当时的帮助受到战争破坏的国家进行重建发展到了帮助发展中国家教育、农业和工业设施的建设。世界银行还向成员国提供优惠贷款，同时向受贷国提出一定的要求，如减少贪污或建立民主等。因此，可以说世界银行是全球范围的放贷者，它的主要工作是向贫穷国家提供长期贷款和技术协助，帮助它们脱离贫困。

如今，世界银行、国际货币基金组织和世界贸易组织共同成为国际经济体制中最重要的三大支柱。

按照《国际复兴开发银行协定条款》的规定，世界银行的宗

旨如下：

第一，通过对生产事业的投资，协助成员国进行经济建设，鼓励不发达国家对资源的开发。

第二，通过担保或参加私人贷款及其他私人投资的方式，促进私人对外投资。

第三，鼓励国际投资，协助成员国提高生产能力，促进成员国国际贸易的平衡发展和国际收支状况的改善。

第四，配合其他方面的国际贷款。

尽管前文说道，世界银行是全球范围内的放贷者，但它并不是随意放贷的，而是有原则地按照一定规定放贷，具体包括以下几个方面的规定：

第一，只允许参加国际货币基金组织的国家申请加入世界银行，在世界银行的贷款期限是 15 ~ 20 年不等，宽限期为 5 年左右，利率为 6.3％左右。

第二，申请贷款只限成员国，其他企业或个人申请贷款要由政府担保。

第三，成员国申请贷款时一定要有工程项目计划，贷款专款专用，世界银行每隔两年要对其贷款项目进行一次大检查。

因为世界银行的主要帮扶对象是发展中国家，所以中国也是世界银行的帮扶对象。根据世界银行的《国别伙伴战略》，目前，世界银行主要为中国提供以下援助：

第一，深化中国对多边经济机构的参与，降低对内和对外贸易的投资壁垒，为中国的海外发展提供一系列的帮助。

第二，推动城镇化均衡发展，保障农村生活，扩大基本社会服务和基础设施建设。

第三，减少大气污染，节约水资源，优化能源利用（部分通过价格改革），改善土地行政管理，履行国际环境公约。

第四，扩大金融服务（尤其是中小企业），发展资本市场，应对系统性风险，维护金融稳定。

第五，提升企业竞争力，改革公共部门，理顺政府间财政关系。

中华人民共和国成立后的较长一段时间里，中国在世界银行的席位都被中国台湾当局占据着。直到1980年5月15日，中国才恢复了在世界银行和所属国际开发协会及国际金融公司的合法席位。1980年9月3日，世界银行理事会经过投票，同意将中国在该行的股份从原来的7500股增加到12000股。这意味着中国在世界银行的执行董事会中可以单独派一名董事，也因此，中国在世界银行拥有了投票权。现在，作为世界银行的创始国之一的中国已经成为世界银行第三大股东国。

第五节 所谓商业银行，即用别人的钱去赚利息

先来看这样一个故事：

在一个与世隔绝的小岛上，生活着几百户居民。一开始，他们主要依靠物与物的交换方式来获得自己需要的物品，但后来他们发现，这种方式很不方便，你想要对方手里的东西，但你却未必拥有对方想要的东西。因此，他们开始改用人人都喜欢的金银

来交换东西。可是金银都会磨损，而且携带也非常不方便，想来想去，他们又想到了一个办法，可以用一种"符号"来代替金银，于是钞票出现了。

刚开始，钞票其实就等于金银，二者随时可以进行兑换。但是岛上出产的金银数量并不多，而且随着人们交换活动的频繁，钞票越来越不够用了。这个时候，有个聪明人想到了一个办法：成立一家钱庄，由这个钱庄来发行钞票，想用钱的人没有钱，可以向钱庄借，等有钱的时候再把钱款还给钱庄。银行就这么出现了。

故事中的"钱庄"实际上就是我们生活中所说的银行，准确地说，应该称为商业银行。

商业银行可以说是与我们生活联系最为紧密的金融机构。其实，商业银行不仅是一种金融机构，它也是企业的一种，只不过它与一般的企业不同，它是以经营工商业存、放款为主要业务，以获取利润为目的，以货币为经营对象的特殊企业。

商业银行与一般工商企业最大的不同表现在它的经营对象上：一般工商企业经营的是具有一定使用价值的商品，而商业银行的经营对象则是以货币和货币资本为表现形式的金融资产和金融负债。这也是商业银行性质的体现。

商业银行的性质决定了它主要有四个基本职能：信用中介、支付中介、信用创造和金融服务。

信用中介是商业银行最基本的职能，也最能反映其经营活动的特征。这一职能是指商业银行通过吸收存款，把社会上的各种闲散货币集中到银行中，再通过贷款业务，将其投向经济各部门。通过信用中介活动，商业银行调剂着社会各部门的资金分配，同时在中央银行货币政策和其他国家宏观政策的指引下，实现经济结构、消费比例投资、产业结构等方面的调整。

支付中介是商业银行的又一职能，它指的是商业银行通过存款在账户间的转移，为客户代理支付；在存款的基础上，为客户兑付现款等。通过做支付中介，商业银行成为工商企业、团体和个人的货币保管者、出纳者和支付代理人，也就是支付中介。

信用创造是在信用中介职能和支付中介职能的基础上产生的。商业银行能够吸收各种存款，它发放贷款用的就是其所吸收的各种存款，然后，在支票流通和转账结算的基础上，贷款又转化为存款，增加了商业银行的资金来源，最后形成数倍于原始存款的派生存款。派生存款指银行由发放贷款而创造出的存款。它是原始存款的对称，是原始存款的派生和扩大。

金融服务也是商业银行的重要职能。现代经济生活中，银行间的业务竞争愈演愈烈，银行由于联系面广、消息灵通等特点，特别是电子计算机在银行业务中的广泛应用，使其具备了为客户提供信息服务的条件。在金融服务成为银行的又一主要活动的同时，咨询服务、对企业"决策支援"等服务也应运而生。

商业银行的特点如下：

第一，商业银行经营业务的特殊性，通常有下列特征：交易种类繁多、交易次数频繁、交易金额巨大。

第二，分支机构众多，分布区域广泛。

第三，有严密的会计信息系统，并广泛使用计算机信息系统及电子资金转账系统。

第四，拥有大量不涉及资金流动的资产负债表表外业务，有严密的控制程序进行记录和监控。

第五，高负债经营，债权人众多。

第六，与社会公众利益密切相关，受到银行监管法规和政府部门的监督监管。

商业银行是金融市场上影响最大、数量最多、涉及面最广的金融机构，为了保证市场秩序的正常运行，商业银行一般应遵守下列四项原则：

第一，效益性、安全性、流动性原则。

第二，依法独立自主经营原则。

第三，保护存款人利益原则。

第四，平等、自愿、诚实信用原则。

目前，我国有五家国有大型商业银行，分别是中国工商银行、中国农业银行、中国银行、中国建设银行和交通银行。

| 第六节　信用合作组织，抱成团的金融主们 |

欧洲地区早期，金融系统的主要服务对象是资产实力雄厚的资本家，而资产实力较弱的人想要获得贷款，就不得不转向私人放贷者，并以高额利息来作为"信用保证"。在这样的情况下，那些资产实力较弱的人，如分布在农村的农场主们以及某些中小企业主们发现，与其支付高额利息去借贷，倒不如抱成团，建立

一个能够相互为彼此提供资金帮助的组织。信用合作组织就是在这样的背景之下成型的。

从定义上来说，信用合作组织是那些分散的小商品生产者们为了解决经济活动中的困难，获得某些服务，而按照平等、自愿及互利的原则所组织起来的一种经济组织形式。这种组织很好地补充和完善了银行体系的不足，对城乡企业和居民之间的资金融通有着巨大帮助。

第一个合作银行最初就是在欧洲诞生的。1900 年，北美建立了第一个信用合作组织——成立于魁北克省的 La Caisse Populairede Levis 组织。1906 年，由于 La Caisse Populairede Levis 运营十分成功，魁北克省专门为此进行了立法。1907 年，在联邦一级进行立法的问题被提了出来，可惜议案最终未能通过。但很显然，加拿大政府对于信用合作组织的发展已经开始重视了。

到 20 世纪 30 年代时，欧美经济进入大萧条时期，位于加拿大西部的萨斯喀彻温草原地区种植业遭到了巨大冲击，大量的农场主面临破产，经济凋零。在这样的情况下，放债人纷纷忙着收回借款，更是让这一萧条的经济形势雪上加霜，资金短缺成为农业发展的致命瓶颈。在这样的情况下，发展信用合作组织的设想再一次被提出来了。

1934 年，加拿大政府召开了关于成立合作贸易组织的会议，在进行长达两年的研究后，1936 年，研究报告正式提交给了合作贸易组织会议，一个由合作社领导者和政府官员所组成的委员会正式成立了。

经过多年的发展，如今的萨斯喀彻温信用联盟已经极具规

模，包括 11 个信用团体，共计 57 万名成员，其总资产达到了 90 亿加元，为促进农村经济的发展做出了巨大贡献。

中国同样也有信用合作组织。早在第二次国内革命战争时期，中国的信用合作组织就已经开始萌芽了。当时，为加强巩固苏维埃政权，形成群众之间的互助，在农村革命根据地创立了农村信用社。

1949 年后，农村信用社迅速得到了发展壮大，到 1956 年时，全国基本上已经实现了"乡乡有信用社"的局面。

但农村信用社在中国的发展也并非总是一帆风顺的，1957年之后，一直到 1978 年，由于管理体制的几经变更，农村信用社进入了一个曲折而缓慢的发展时期。

一直到党的十一届三中全会召开之后，中国迎来了改革开放的春风，古老的农村信用社也再次展露勃勃生机，获得了前所未有的发展动力。在这一时期，党和国家重新明确了农村信用社的性质和任务，并将其划归到中国农业银行旗下。

随着国家金融体制方面的改革，到 1996 年，中国农村信用社脱离了与中国农业银行的隶属关系。至此，中国农村信用社已经形成了中国信合系统，在经营管理方面逐步和商业银行接轨，步入了其事业发展的巅峰。

通常来说，信用合作组织的成立主要是基于社员们的需要而成立的，其组织机关主要包括三个部分：属于权力机关的社员大会、属于执行机关的理事会，以及属于监察机关的监事会。

信用合作组织是一种合作制金融组织，其在组织形式上与股份制有着以下几个方面的区别：

1.入股方式上的区别。

股份制公司的控股形式一般来说是自上而下的，即下级由上级所拥有。合作制则不同，合作制是以一种自下而上的方式进入参股的，上一级的机构主要由下一级机构入股后所组成，因此上一级机构反而是被下一级机构所拥有，也就是说，在合作制公司中，最终的所有者其实是基层社员。

2.经营目标上的区别。

股份制企业的经营目标是追求最大利润，而合作制组织成立的最主要目的则是为社会服务。

3.管理方式上的区别。

在管理上，股份制所实行的是"一股一票"的方式，即公司里权利最大的人就是公司最大的股东。合作制则不一样，它所实行的是"一人一票"的管理方式，换言之，只要你是信用合作组织的社员，那么无论你入股多少，你都和别的社员拥有同等的权利。

4.分配方式上的区别。

在利润分配上，股份制企业的利润主要用来给股东分红，合作组织的赢利则主要是用在积累上，而这些积累是全体社员共同所有的。

现在我国的信用合作组织主要有两类，一类是以农民为主要社员，并以农村为服务区域的农村信用合作社；另一类是以城市

为主要服务业务区域的城市信用合作社。此外，在美国和加拿大等国家还盛行另一种以储蓄为目的，服务于在同一学校、机关或工厂等机构工作的人员的储蓄信用合作社。

第七节　金融市场的"狼角色"——投资银行

2008年对于华尔街来说可谓多事之秋。3月16日，摩根大通证实将以总价约2.36亿美元的价格收购濒临破产的美国第五大投资银行贝尔斯登；近半年之后，9月15日，又一个惊人消息爆出：美国第三大投资银行美林证券以大约440亿美元的价格被美国银行收购，而美国第四大投资银行雷曼兄弟则因收购谈判的"流产"而向法院申请了破产保护；此后不久，美国联邦储备局宣布，美国硕果仅存的两大投资银行高盛和摩根士丹利被批准转型为银行控股公司。

从金融制度的角度来看，这场席卷华尔街的风暴宣告了美国独立投资银行模式的终结，投资银行叱咤风云20年的黄金年代已经结束了。

投资银行是与商业银行相对应的一个概念，是现代金融业适应现代经济发展而形成的一个新兴行业。投资银行尽管也称银行，但却是与商业银行完全不同的金融机构。投资银行是指主要从事证券发行、承销、交易、企业重组、兼并与收购、投资分析、风险投资、项目融资等业务的非银行金融机构。投资银行是金融市场上主要的服务提供者，它与商业银行的不同之处在于它的风险不隔离的特征，投资银行经常涉足高风险业务，是现代金融市场领域里的"狠角色"。

虽然投资银行是一个新兴行业，但它在金融领域占有相当大的分量。当前世界的投资银行主要有四种类型，分别是独立的专业性投资银行、商业银行拥有的投资银行（商人银行）、全能性银行直接经营的投资银行以及一些大型跨国公司兴办的财务公司。投资银行的经营模式包括分业经营模式和混业经营模式。分业经营模式是指投资银行业务与商业银行业务相分离，分别由两种机构相对独立经营；混业经营模式指的是投资银行业务与商业银行业务相互融合渗透，均由混合银行提供。

一个投资银行采用什么样的组织结构，与它的组建方式和经营理念是分不开的。现代投资银行的组织结构主要有合伙人制、混合公司制和现代公司制三种。

中国的投资银行包括全国性、地区性和民营性三种，前两种都是国有企业，后一种是民营企业。全国性投资银行包括两种类型，第一种是以银行系统为背景的证券公司，第二种是国务院直属或以国务院各部委为背景的信托投资公司。中国地区性的投资银行主要是省、市两级的专业证券公司和信托公司。除了国有投资银行之外，中国还有民营性的投资银行，主要是一些投资管理公司、财务顾问公司和资产管理公司等，它们绝大多数是以为客户提供管理咨询和投资顾问业务为基础发展起来的，具有雄厚的资本实力和专业技术，并且在企业并购、项目融资和金融创新方面具有很强的灵活性，这些特点使得它们将在中国投资银行领域

发挥越来越大的作用。

第八节 财务公司，容易被人忽略的金融力量

有这样一条新闻报道：

2016 年 9 月 1 日，深圳银监局正式批准顺丰控股集团财务有限公司开业，该公司注册资本为 10 亿元人民币，100% 由顺丰控股集团股份有限公司出资。

对于"财务公司"这个词很多人都不陌生，如中国石化财务有限公司、中石油财务有限公司、中国电力财务有限公司、宝钢集团财务公司、上海汽车集团财务有限公司等，这些公司名称总是出现在各种场合，如报纸、网络、电视等。可如果要问，财务公司究竟做什么，和其他金融机构有什么不同，那么估计很多人都说不清楚了。

财务公司也称为金融公司，是专门为企业技术改造、新产品开发以及销售等提供金融服务的机构，通常以经营中长期的金融业务为主。在不同的国家，财务公司有不同的称谓，其业务内容方面也存在一定的差异，但大多数的财务公司其实都是商业银行的附属机构，其最主要的工作就是吸收存款。换言之，我们可以将财务公司看成企业集团的一个资金蓄水池，它将各个成员企业的资金集中到一起，投入最需要及有最高回报的地方，从而促进整个集团的投资收益。

值得注意的是，中国的财务公司较为特殊，它们通常都不是商业银行的附属机构，而是隶属于某些大型集团的非银行金融机构。

财务公司是 20 世纪初期兴起的，出现的时间比较晚，但发展却非常迅速。在美国，很多知名企业都拥有自己的金融财务公司，如美国最大的金融财务公司美国通用电气金融公司。该金融公司目前所涉及的业务项目主要包括设备管理、中间市场融资、特殊融资、特殊保险以及消费者服务五大板块。早在 2001 年年底，该公司总资产就达到了 3760 亿美元，利润高达 52 亿美元。假如加入美国银行资产排名，该公司能够排到榜单第二位。

全球 500 强的企业中，有差不多 2/3 的企业都拥有自己的财务公司，如通用、福特、摩托罗拉、西门子、英特尔、爱立信、GE 等公司都是通过自己的财务公司来实现产融结合与共同发展的。这些公司所设立的财务公司业务范围非常广泛，包括集团内部的资金管理、消费信贷、设备融资租赁、保险、买方信贷以及证券发行和投资等，并且盈利能力也都非常出众，是集团业务组成的重要部分之一。

财务公司的模式通常来说分为两种：美国模式和英国模式。

美国模式的财务公司是一些大型耐用消费品制造商为了推销其产品而设立的子公司，这一类的财务公司主要是为零售商提供融资服务的，做活商品流通、促进商品销售是这类型公司的特色。美国、加拿大和德国的许多财务公司都属于这一类型。就目前来说，美国的财务公司产业总资产规模已经超过了 8000 亿美元，其财务公司在流通领域的金融服务几乎已经涉

猎生活的方方面面，从汽车、住房、家电，到各式各样的工业商品，可以说，美国的财务公司对促进市场商品流通有着重大作用。

英国模式的财务公司和美国模式不同，其主要是依附于商业银行而存在的。政府有明文规定，商业银行不得从事证券投资业务，而财务公司则不同，它不属于银行，因此不会受到这种限制。所以说，建立英国模式的财务公司，其实是商业银行规避政府监管的一种手段。这一类型的财务公司主要分布在英国、日本和中国香港等地。

不管财务公司开展什么样的业务，总体来说，财务公司的经营大多都是以企业集团为主的，因此在运营上也有着一些非常显著的特点。

1. 业务范围广泛。

作为企业内部的金融机构，财务公司的经营范围只限于企业内部。通常来说，财务公司主要是为企业集团内的成员企业提供金融服务的，这些金融服务包括存款、结算、贷款、担保以及代理等普通的银行性业务。此外，只要得到中央银行的批准，财务公司还能进一步开展信托、证券投资等业务。

2. 对企业集团依附性非常强。

财务公司对于企业集团的依附性是非常强的，通常来说，财务公司的资金来源主要有两个途径：一是集团公司和集团公司成员投入的资本金；二是集团公司成员企业的存款。财务公司的资金大部分是用来为集团公司成员企业提供支持的，少部分则用于与本集团公司无关的证券投资等方面。因此，对于财务公司来说，其发展状况主要取决于集团公司的发展状况。

3. 既要接受企业集团的监管，也要接受中央银行的监管。

首先，作为企业内部的金融机构，财务公司的大股东往往也都是集团公司的成员企业，因此，在经营活动方面，必然会受到企业集团的监管和控制。此外，财务公司所从事的是金融业务，所以同时也必须接受中央银行的监管。

第九节　让证券持续不断地流通——证券公司

证券交易所是一个非金融机构的法人组织，主要为客户提供证券买卖的交易场所和服务，同时也兼有管理证券交易的职能，但它本身是不能参与证券交易的。通常来说，证券交易所有两种不同的基本组织形式：股份公司制证券交易所和会员制证券交易所。

股份公司制证券交易所是以营利为主要目的的交易所，它向客户提供交易场所和服务人员，让股票交易变得更加便利。经营股份公司证券交易所的相关人员是不能参与证券买卖的，这种限制从一定程度上来说，保证了证券交易的公平性。当然，为了营利，交易所会收取发行公司的上市费与证券成交的佣金，买卖成交额的一定比例就是股份公司制交易所的主要收

入来源。

会员制证券交易所和股份制公司制证券交易所最大的不同在于，会员制证券交易所是不以营利为目的的，它是一个由会员自治自律并互相约束的交易所，参与经营的会员能够自由参加股票交易中的股票买卖与交割。因此，相对股份公司制证券交易所来说，会员制证券交易所收取的佣金和上市费用都要低得多。但是，由于缺乏系统的管理，并且参与经营的会员同时也能成为股票交易的参与者，这就使得在股票交易的过程中，难免会出现一些不公正的情况。此外，由于能够参与交易的买卖方都必须是该交易所的会员，而且新会员的加入通常是要得到原会员一致同意的，因此这其实形成了一种事实上的垄断，不利于服务质量的提高和收费标准的降低。

证券交易所的竞争一直十分激烈，很多证券市场发展较为成熟的国家都拥有多家证券交易所，如英国就有 20 多家证券交易所，意大利有 10 多家，法国有 7 家，澳大利亚有 6 家，而美国则拥有超过 100 家。在后来激烈的竞争中，一部分证券交易所退出了市场，还有一部分则被别的证券交易所合并了。造成这种结果的原因非常多，如新技术的应用打破了证券交易的地域性，使证券交易所过剩；或者股市泡沫破灭，造成证券交易所业务规模缩减，在竞争中失去优势等。

例如，19 世纪末 20 世纪初期，随着电报技术的广泛应用，美国证券交易所就因其地域限制被打破，而出现了证券交易所大量过剩而被合并的情况；20 世纪 70 年代，为了加强监管，防范金融风险，香港原有的四家证券交易所也被合并成为一家。目前我国一共有四家证券交易所，即上海证券交易所、深圳证券交所、香港证券交易所和台湾证券交易所。

那么，证券交易所在证券交易中究竟扮演了一个什么样的角色？对证券交易又有什么样的作用呢？

首先，在证券交易中，证券交易所扮演了"规则检查者"的角色。众所周知，一切的交易都应该建立在公平之上，而为了达成公平的交易结果，往往会制定一些交易规则。证券交易规则主要包括上市退市规则、报价竞价规则、信息披露规则和交割结算规则等，证券交易所的任务就是确保证券交易在这些规则的约束下进行，负起规范市场的责任。

其次，证券交易所还要负责交易秩序的维持。任何交易规则都会存在一些不足，并且在执行过程中也都可能存在一些问题。因此，证券交易所还有一大核心功能，就是监管各种违反交易原则的行为，维持证券交易市场的秩序，让证券交易能够公平而有序地进行。

最后，证券交易所同时也是一个提供交易信息的媒介。众所周知，证券交易主要依靠的就是信息，如上市公司的信息、证券交易的信息等。证券交易所一方面负有对上市公司信息的督促和审查职责，另一方面还负有及时公布交易行情的义务。

此外，值得一提的是，证券交易所有时也会存在一些问题和弊端，从而给金融秩序带来某些负面影响。例如，扰乱金融价值、内幕人士操纵股市牟利、股票经纪和交易所工作人员作弊等，这些情况都是客观存在的。但随着股市发展的逐渐成熟，市场规范的逐步完善，相信这种情况将会越来越少。

| 第十节　拿人钱财，与人消灾的保险公司 |

人无远虑，必有近忧。

保险公司与我们的生活有着密切联系。每个人生活在世界上都不能保证自己和家人有朝一日不会遭遇天灾人祸。为了避免意外发生的时候束手无策，很多人选择在平安无事的时候为自己和家人投一份资，确保意外发生时可以得到一定数量资金的援助和补偿。这份投资就是我们俗称的"买保险"。因此，保险可以说是人们在发生疾病、事故等特殊情况时的"及时雨"，能解除人们的后顾之忧，而为我们提供保险服务的就是保险公司。

保险公司也是金融机构的一种，它经营保险业务，享有收取保险费、建立保险费基金的权利。与此相对应的，当保险事故发生时，它负有赔偿被保险人的经济损失的义务。

在我国，保险公司分为两大类别，即人寿保险公司和财产保险公司。要建立一个保险公司，最重要的是必须有充足的资金准备，如我国法律就规定，保险公司的注册资本最低不能低于 2 亿元，且其最低限额必须为实缴货币资本。而且，如果保险公司发展壮大到一定规模，其业务发展需求超过了再保险市场的承保能力，那么保险公司就必须继续追加资本金。

除了保险类别的不同外，保险公司还有经营区域的限制。我国的保险公司在经营区域方面也分为两大类，一类是全国性的公司，另一类则是区域性的公司。但无论是哪一类公司，在设立新分支机构时，都必须向中国保险监督管理委员会进行审批。目前我国真正意义上的全国性保险公司只有中国人寿保险公司、中国人民保险公司、中国太平洋保险公司、中国平安保险公司和中国再保险公司五家。

保险公司存在的意义是很容易理解的。试想一下，某个地区有一家很大的木材公司，该公司的木材长期堆放在郊区的一个仓库里，其价值总额超过了1000万元。由于担心失火或遭到盗窃，公司为这批木材投保了1000万元，保险费用为每年3万元。

假如不幸发生了火灾或者盗窃，企业的损失就会转嫁到保险公司头上。那么，在企业投保的1000万元范围内，保险公司将会就企业的损失给予赔偿。企业因此成功地将风险转嫁了，这就是保险公司的存在价值。

那么问题来了，保险公司究竟是怎么赚钱的呢？它是否也会面临倒闭的风险？

保险公司的赚钱方法主要有两个。

第一个方法是承保赢利。

我们知道，投保的客户会在一定时期内缴纳一次或者数次保险费用，保险公司的客户是非常多的，这些客户所缴纳的保险费用集中起来后，将会是一笔数额巨大的资金。当某个客户发生损失时，保险公司就会从这些保费中拿出赔偿来给客户。保费收入与赔偿支出之间的差额，就是保险公司获得的利润，而这些差额就是保险公司获得的"承保赢利"。

通常来说，如果没有意外情况，投保的客户遭遇损失的比例应是小于在整个保险期间没有发生任何事故的人的。因此，合计下来，只要保险公司所需支付的总赔偿款项数额小于其所收获的

保险费用，那么保险公司自然能够赢利。

第二个办法是投资回报。

投资回报是保险公司赢利最重要的途径。投资的回报额是比较高的，而保险公司通过保费的收取就能够轻松获得数额巨大的"投资资本"，因此，保险公司都会利用这一优势来进行一些较为稳妥的投资，以获得高额回报。

保险公司在投资选择上是非常谨慎的，大部分保险公司都会选择投资无风险的证券债券，或者低风险低回报的一些投资项目。因此，对于保险公司来说，想要正常运转，并保证盈利，控制赔款支出比保险费收入超出的百分比低于投资项目所获得的收益率是非常重要的，只有确保这一点，保险公司才不至于亏本。

经营保险公司并不是一个稳赚不赔的项目，对于保险公司来说，同样也存在着一些需要谨慎对待的风险。

首先是定价风险。前文说过，保险公司要保证赢利，就必须控制好赔偿支出、保费收入及投资所得收入之间的比例。为了确保保险费率，在定价方面，保险公司必须对投保风险的概率进行精确计算。如果定价过低，导致保险费率过低，则很可能会让保险公司出现入不敷出的情况。众所周知，任何一项保险责任事故都是一种概率事件，可能会发生，但也可能不会发生，而只要事故不发生，那么这份保单的保费就相当于是纯利润。因此，很多保险公司在经营时，往往会带着一种侥幸的赌徒心理，致使保险公司发生承保质量风险。

其次是利率风险。利率的波动往往会对保险公司产生重大影响。以寿险业务为例，寿险业务通常是预先收取保险费，然后在若干年之后开始给付保险金。寿险费率的厘定方式较为特殊，是根据预定利率、死亡率以及业务费率来进行计算的，因此利率的波动对于人寿保险公司来说有着相当大的风险。当预定利率高于银行利率时，显然保险公司的利润就会缩水。此外，利率的波动对保险公司所投资的资产市场价值也有很大的影响。

最后是资产风险。资产价值降低也是保险公司需要面临的风险之一。例如，当保险公司借款者违约时，或者因资产价格波动导致保险公司资产的市场价值下跌时，保险公司的总资产额度显然就会降低，甚至影响到保险公司的偿付能力。

既然要面对多方面的风险，那么保险公司自然也和其他企业一样有倒闭的可能。但我国对保险公司是有极其严厉的监管措施的，如保险公司20%的资本注册金都会被强制要求存入指定银行，只能用于清偿债务。再者，再保险公司的存在也进一步降低了保险公司倒闭的风险。因此，相对来说，我国的保险公司是比较值得信赖的。

 # 第六章　金融"魔杖"在哪？

——弄懂利率杠杆的奥秘所在

　　市场是价格调节供求的游戏，各国中央银行手中的利率"魔杖"会对资本市场产生"点石成金"的神奇效果，具有资源配置诱导、政策信号显示、主体行为约束、经济运行杠杆等功能。为什么利率具有如此大的魔力？弄懂利率杠杆的奥秘所在，一切你就明白了。

第一节　利润的尺度——利息和利率

利息是金额，利率是比率。

人们经常会提到利息这个词，那么利息到底指什么呢？所谓利息，它既是资金拥有者因为借出资金而获得的利润，又是资金借贷者因使用资金而必须付出的代价。实质上，利息是利润的一种特殊表现形式。

那么，哪些因素会导致利息的形成呢？利息是怎样出现的呢？

1. 延迟消费。

资金拥有者借出现有的资金，就会使自己的消费延后。一般来讲，消费者对现在商品的偏好会多于对未来商品的偏好，因此在自由市场上便会出现正利率。

人们对现在的满意程度与对将来的满意程度的比值就是时间偏好。经济学家在强调各种原因驱动下个人行为的时间体现时经常用到"时间偏好"这个名词。

2. 预期的通货膨胀。

在通货膨胀的经济时期，相同数量的金钱只能买到较少的商品，那么这期间的损失就需要由借款人向放款人来补偿。

3. 代替性投资。

资金持有者有权选择资金的投向，放款人选择借出金钱，就等于放弃了其他投资可能产生的回报，因为这中间存在机会成本。因此，这种机会成本就需要借款人来承担。

4. 投资风险。

借款人随时都可能会破产、潜逃或欠债不还，为了预防这些情况的发生，放款人需要收取额外的金钱作为抵押。

利息作为资金的使用价格，在市场运行中的重要作用主要表现在以下方面：

第一，对政府行为产生影响。

利息收入在全社会的经济利益中占有重要地位，因此，政府在调节市场经济时经常将它作为一种重要的经济杠杆来使用。当中央银行降低利率时，货币就会流入资本市场；反之，则相反。

第二，对居民的资产选择行为产生影响。

随着中国居民收入水平的提高，储蓄比率也在不断加大，资产选择行为随之产生。大量金融工具的存在是居民进行资产选择的客观基础，但是其主要诱因还是在于利息收入。居民的自发资产选择行为大大影响了宏观经济调控和微观基础的重新构造。目前，中国经济呈现出一种高储蓄率的特征，它为经济的增长奠定

了坚实的资金基础。

第三，对企业行为产生影响。

利息会对企业经济效益的高低产生直接影响。企业会千方百计减少资金占有量，并比较各种资金筹集方式以此来降低成本，增加效益。

本金、存期和利率水平共同决定了利息的多少，其计算公式为：

利息 ＝ 本金 × 利率 × 存款期限

从以上公式可以看出，利率对利息具有重要影响。

一定时期内利息量与本金的比率就是利率，它是决定利息多少的因素与衡量标准。

很多复杂因素都会对利率水平产生影响，它受到各种综合因素的影响。一方面，产业的平均利润水平、货币的供给与需求状况、经济发展状况等因素都会对利率产生影响；另一方面，物价水平、利率管制、国际经济状况和货币政策等也是影响利率的主要因素。

划分利率种类的方法和角度有很多，它们可以将不同种类利率的特征清楚地表现出来。按照不同的标准，利率可以划分为年利率、月利率、日利率；固定利率与浮动利率；基准利率与一般利率；长期利率和短期利率；名义利率与实际利率；中央银行利率、商业银行利率、非银行利率。

市场化、基础性、传递性是利率的基本特征。作为一种资本价格，其价格的高低也会受到货币供求状况的影响。一国经济发展的状况会对企业利润水平的高低和人们收入的多少产生决定性影响，进而对储蓄供给与投资需求、货币的需求和供给等产生影响。

国家经济在很大程度上会受到利率水平的影响，因此，国家对利率的管理涉及法律、法规以及政策等多种形式。国家根据其经济政策对利率水平进行干预，并以此来影响经济发展。

很多因素都会影响利率的变动，但是一国的经济状况是众多因素中起决定性作用的因素。因此，只有全面了解一国的经济状况，从整体出发，才能对一国的利率现状和变动有一个清楚的认识。

第二节 庞大而复杂的利率体系

利率体系包括利率结构、各利率间的传导机制和利率监管体系。

不同利率之间和相同利率内部都是相互联系、相互制约的，从而构成了一个有机整体，该有机整体便是利率体系。利率结构、各利率间的传导机制和利率监管体系共同构成利率体系。

利率体系理解起来很简单。举例来说，如果居民储蓄 5 年期的存款利率为 4.95%，那么该利率一方面是年利率，同时还是固定利率、差别利率、长期利率和名义利率。这些利率之间的联系是必然的，彼此之间又是相互制约的，这样构成的有机整体就是利率体系。

按照不同的划分方式，利率体系可以划分为不同的类型，但

是有两种最主要的划分方式。

第一，根据利率所依附的经济关系不同，利率可以分为存款利率和贷款利率两种。

第二，根据借贷主体不同，可以将利率分为银行利率、非银行金融机构利率、债券利率和市场利率等。

利率体系的内容主要包括以下三个方面：

第一，中央银行贴现率与商业银行存贷利率。

中央银行对商业银行和其他金融机构短期融通资金的基准利率就是中央银行贴现率，它在利率体系中占据着核心主导地位，发挥着重要作用，能充分反映全社会的一般利率水平，并体现出一个国家在一定时期内的经济政策目标和货币政策方向。商业银行利率在利率体系中发挥的作用是基础性的，通常运用于商业银行及其他存款机构吸收存款和发放贷款的过程中。

第二，拆借利率与国债利率。

拆借利率的期限较短，在短期市场中具有代表性，通常运用于银行及金融机构的短期资金借贷过程中。国债利率通常指一年期以上的政府债券利率，是长期金融市场中具有代表性的利率。

第三，一级市场利率与二级市场利率。

债券发行时的收益率或利率就是一级市场利率，它是衡量债券收益、计算债券发行价格的基础和依据。债券流通转让时的收益率便是二级市场利率，它可以对市场中金融资产的损益状况进行真实反映。

当前中国利率体系的四个层次主要表现在以下方面：

第一，存款准备金利率、中央银行再贷款利率、再贴现利率的中央银行基准利率。

第二，全国银行间拆借市场利率、银行间国债市场利率共同构成的银行间同业拆借市场利率。

第三，商业银行等金融机构的存贷款利率。

第四，深沪证券交易所债券市场利率、民间借贷利率等市场利率。

随着改革开放的深入发展，中国逐渐形成了多元化、多层次的利率体系。当前，中央银行存贷款基准利率、同业拆借市场利率、商业银行存贷款利率和市场利率并存的格局已经初步形成。

第三节　负利率时代，请"葛朗台"做你的顾问

负利率时，如果只把钱存在银行里，会发现财富不但没有增加，反而会随着物价的上涨而缩水。

负利率意味着人们存在银行中的钱不仅不会增加，反而会减少。为了更好地应对负利率，人们只能打理好自己的储蓄，实现保值、增值、风险小、收益高的目标。

我们通过一个案例来充分了解负利率的含义。

某年半年期的存款利率为3.78%，上半年的CPI比同期上涨了7.9%，小王在年初的时候将1万元以定期存款的形式存入银行，到期后，小王可以获得：10000×3.78%=378（元）的利息，同时小王还要承担10000×7.9%的贬值额。

换句话说，存款利息378元只是表面上的增加额，而实际的

收益只是 378-（790-378）=-34（元）。

这就是负利率的表现，存入银行的钱不仅没有增多，反而减少了，利率减去通货膨胀率后为负值，这种负利率是由通货膨胀引起的。

面对负利率的存在，普通老百姓面临的一个重要问题就是要处理好自己的资金，积极拓宽理财思路，选择合适的理财计划，让"钱生钱"。

主动出击，充分了解理财知识，形成良好的理财习惯是最首要的；其次，借助专业机构，实现理财计划的多元化；最后，做到投资决策的科学化、合理化。大家可以借鉴以下建议，实现负利率时期的平稳过渡：

1. 基金是首选的金融工具。

综合来说，人们战胜负利率、"跑赢" CPI 的基本手段就在于基金定投和购买理财产品，当然，基金有风险，投资须谨慎。

2. 长期债券要少碰。

债券价格受利率变动影响较大，在其他因素不变的情况下，债券价格随着市场利率的升高而降低，短期债券和高息债券应当是人们的首选，通常受利率调整影响较小的是中短期债券基金。可以考虑将那些大量购买的长期债券赎回。

3. 定期存款的期限不要超过一年。

专家认为，面对预期压力，为规避通货膨胀的危险，人们应尽量减少手中持有大量现金。若定期存款时间过长，当遇到再次加息时，提前支取是非常不划算的，这时短存或购买超短期人民币理财产品才是最好的选择。

4. 用一定的资产来购买黄金，以此来抵抗通货膨胀风险。

投资者投资时可以选择上海金交所 Au（T+D），也可以购买一些实物金条或是与黄金挂钩的理财产品。

5. 精打细算，做好规划。

面对不断上涨的物价，人们要利用好每一分收入，不仅要清楚地明白自己每月收入多少、开支多少，而且要对自己当前的财务状况有一个清楚的认识。

我们只有将自己的储蓄打理好，减轻通货膨胀的压力，实现负利率时期的保值、增值，才能做到自我防护，还可以为国家减轻一定的社会压力。

| 第四节　当老百姓遇见利率市场化 |

小李因为业绩出色，这个月获得了公司发放的 1 万元奖金。拿到钱后，小李决定将这笔钱放到银行存定期，这样利息能稍微高一点，而且还能避免自己随便乱花钱。于是，小李把这 1 万元连同之前的积蓄总共 5 万元一并存了三年的定期。然而，就在小李刚存了定期后的一个星期，银行利率突然上调了，小李左思右

想，为了获得更高的利息，便又到银行将这笔存款取了出来，然后又重新存成定期。

类似小李遇到的这种情况，相信很多人在日常生活中都碰到过。那么，银行利率为什么会出现变化呢？事实上，银行利率的不断变动，正是利率市场化的表现。

利率市场化，指的是将利率的决定权交由市场来决定，即让交易双方通过协商，自己来确定利率的数量结构、期限机构以及风险结构等因素，而中央银行所需要做的只是通过基准利率的调整，来对市场利率造成间接影响，从而调整货币政策。

从微观的角度来看，利率市场化能够提高资金需求的利率弹性，从而让资金的流动更加合理化、效益化，让利率能够充分反映出资金的供求状况，并使利率的水平和结构都与信用风险紧密相连；而从宏观的角度来看，利率市场化在储蓄转化投资以及动员储蓄等方面都有着不可或缺的作用。

利率市场化是金融改革的重要环节，同时也是人民币国际化必须经历的进程之一。利率市场化的发展对抑制通货膨胀和提升银行竞争力都有积极的影响。从长远角度来看，利率市场化是一种必然的发展趋势。

与利率市场化相反的是利率管制。放眼世界，无论是发达国家还是发展中国家，必然都曾在某一历史时期实行过严格的利率管制。无论在哪一个历史阶段，这些利率管制措施显然都产生过一些积极的作用，但随着市场经济的发展，利率管制越来越跟不上时代的要求，甚至还会对经济的发展产生一些阻碍。

因此，面对这样的情况，从20世纪七八十年代开始，利率市场化开始在全球范围内初见端倪，一些国家已经开始逐步放松,甚至直接废除了利率管制。例如,法国和英国等发达国家早在 20 世纪 70 年代就已经完成了利率市场化的进程;而美国则从 1980 年开始取消存款利率的上限,到 1986 年,美国也完全实现了利率市场化。此外,加拿大、日本等国也都基本上取消了利率管制。

作为全球最大的发展中国家,我国在利率市场化的改革方面是不可能完全照搬西方发达国家的做法的,我们必须找到真正适合自己国情的方式来进行这场金融改革。国际货币基金组织对此做了一些分析和研究,他们认为,发展中国家要想推进利率市场化的改革,必须具备以下三个条件:

1. 已经初步形成了市场经济体制。

2. 现有利率体系下的合理、间接金融要向直接金融转化。

3. 对银行体系有一套完善而审慎的监管制度。

实际上,早在 1986 年,利率市场化的苗头就已经在我国初露端倪了,那个时候,政府开始允许商业银行的贷款利率在法定利率基础上进行一些浮动。但真正的利率市场化应该是从 1996 年正式开始的,那一年,银行间同业拆借市场联网运行,并形成了全国统一的银行间同业拆借市场利率。

此后,政府相继放开了政策性金融债券市场化发行利率,并对贷款利率及其浮动程度进行了两次扩大化处理。此外,2000 年,我国政府通过实行外汇利率的体制改革而放开了对外汇贷款利率的控制。到 2002 年,我国正式在 8 个县农村展开了利率市场化的改革试点,根据规定,当时贷款利率的浮动程度从 50% 被放开到了 100%,存款利率则最高能上升 50%。

现如今,我国的利率市场化已经成功覆盖了全国大部分区

域，但还有三大块的领域没有实现完全的利率市场化。

第一，银行存贷利率的上下限管理仍然由中国人民银行规定。

第二，银行之间的债券市场和交易所债券市场依然是处于分割状态。

第三，企业发行债券的利率管理。原本中国人民银行在银行之间的债券市场上推出的短期融资券已经完全实现了利率市场化，但考虑到要让其与银行贷款利率的下限保持协调，因此对于一般企业的债券发行利率，中国人民银行仍然会进行一些管制。

第五节 究竟是什么在影响利率

所有国家都把利率作为宏观经济调控的重要工具之一，因此，利率是重要的基本经济因素之一。

现代市场经济环境错综复杂，许多因素与利率的关系都很密切，影响利率变动的因素有经济因素、政策因素、制度因素，等等。在现代社会中，利率会对市场经济产生重要影响，很多因素都会对利率产生影响和制约。通常，四种常见的影响因素如下：

1. 货币政策。

促进经济稳定增长就是政府制定货币政策的最终目的，对货币供给和信贷规模的控制可以对利率和经济增长实现双调节。货币供给量的扩大会降低利率，反之则会提升利率。

2. 财政政策。

一国利率受财政政策影响较大，一般情况下，当财政收入无法维持财政支出时，政府为弥补财政收入的不足，就会在公开市场上借贷，这会产生利率上升的结果。扩张性的经济政策会使信贷需求增加，从而导致利率下降。

3. 通货膨胀。

在信用货币条件下，国家发行的货币过多，会使流通中的货币量大于流通中所需要的货币量，造成纸币贬值、物价上涨，这种现象就是通货膨胀。很多原因都可能造成通货膨胀，因此，由通货膨胀所造成的利率和货币供给之间的关系也是相对复杂的。如果通货膨胀没有引起货币供给量的大幅度增长，那么利率不仅不会下降，反而会有上升的可能，产生高利率现象，以对货币贬值带来的损失进行弥补。因此，利率水平与通货膨胀率成正比，随着通货膨胀率的上升而上升，下降而下降。

4. 企业需求和家庭需求。

信贷利率的变化往往会受到企业信贷需求的影响。当经济复苏和高涨时，企业就会增加信贷需求，伴随而来的就是利率的上涨；而在低迷的经济发展时期，企业会减少信贷需求，利率水平也会随之下跌。

| 第六节 令人既陌生又熟悉的基准利率 |

先来看这样一条新闻：

中国人民银行宣布将于 2010 年 10 月 20 日起，上调金融机构人民币存贷款基准利率。其中，金融机构 1 年期的存款基准利率将上调 0.25 个百分点，由现行的 2.25% 提高到 2.5%；1 年期的贷款基准利率上调 0.25 个百分点，由现行的 5.31% 提高到 5.56%；除活期存款利率不调整之外，其他各个档次的存贷款基准利率均进行相应调整。

现在，让我们一起来解读一下这条新闻背后的意义。

首先，2010 年 10 月 20 日的存贷款基准利率调整，是中国人民银行时隔 3 年的首次加息。再上一次的加息时间是 2007 年 12 月，当年为了应对通货膨胀压力，中国人民银行曾先后 6 次上调了存贷款基准利率。后来从 2008 年 9 月开始，为了应对国际金融危机，中国人民银行又先后进行了 5 次贷款利率的下调和 4 次存款利率的下调。因此，时隔 3 年后的这一次加息，实际上是中国人民银行对当时通货膨胀压力的一种担忧和预防。

其次，在这条新闻中，出现了一个让人感觉既陌生又熟悉的金融名词——基准利率。那么，基准利率到底是什么呢？

通常来说，中国人民银行会给商业银行的存款、贷款及贴现等业务公布一个指导性的利率，该指导性利率就是基准利率。目前来说，中国人民银行所公布的存款利率暂时是不能进行上下浮动的，而贷款利率则可以在基准利率的基础上，由商业银行自主下浮 10% 到上浮 70%。

在金融市场上，基准利率具有普遍参照作用，其他利率水平或金融资产的价格都能参照基准利率来进行确定。基准利率是利率市场化的重要前提之一，从客观角度来说，在利率市场化的条件下，不管是融资者进行融资成本的衡量，还是投资人计算投资收益的情况，都需要一个普遍公认的利率水平作为参考。因此，基准利率可以说是利率市场化机制形成的核心内容。

基准利率对其他利率有决定性的影响，当它发生变动时，其他利率也会因此而产生变动。一般来说，基准利率是由中国人民银行来掌控的，中国人民银行利用对基准利率的调节来对其他利率施加影响，进而影响全国性的资金流动情况。

通常情况下，基准利率必须具备以下三个基本特征：

1. 市场化。

基准利率必须由市场的供求关系来决定，并且不仅要能反映市场的实际供求状况，还要能反映市场对未来的预期。

2. 基础性。

在利率体系和金融产品价格体系中，基准利率都处于基础性地位，并且与其他金融市场的利率或金融资产价格密切相关。

3. 传递性。

基准利率所反映出的市场信号，或者中国人民银行通过基准利率发出的调控信号，都要能有效地传递到金融市场上。

　　从以上这些特点来看，在中国，国债利率应当是最适合充当基准利率的。

　　首先，国债具有非常高的信誉。作为中央政府以其征税权为担保而发行的债务，只要不遭遇政治危机，国债几乎是不存在任何风险的。因此，在所有的金融产品中，国债无疑是信誉最高、风险最低的投资，有"金边债券"的美称。

　　其次，国债市场是中国财政政策与货币政策的最佳结合点，在进入流通市场之后，国债就成为一种跨资本市场和货币市场的金融产品，与其他的金融产品都有较强的关联性。因此，选择国债利率作为基准利率，能够有效、便捷地将市场信号和调控信号传递出去。

　　最后，国债发行规模正不断扩大，其发行方式日益市场化，国债期限品种的结构也实现了多样化，这些进步让国债在质和量方面都取得了突破。此外，银行间债券市场的形成，让国债二级市场的交易规模也在不断扩大，流动性也显著增强。国债市场的发展使国债利率在金融市场上的影响力越来越大，很多金融机构在国债发行市场的投资和一般投资者的投资决策，都会考虑国债在二级市场的收益率。因此，国债利率其实已经自然而然地扮演起了基准利率的角色。

　　过去，金融机构办理存贷业务时所执行的利率都是由中国人民银行来制定的。如今，随着利率的逐步市场化，金融机构在确定存贷利率水平时，也有了很大程度上的自由性和灵活性。根据规定，在不低于中央银行发布的贷款基准利率的条件下，金融机构可以灵活设置贷款的利率水平；同样地，在不低于贷款基准利率的前提下，金融机构能自由调节商业性个人住房的贷款利率水平。此外，只要不高于中国人民银行制定的存款基准利率，事实上金融机构也是能够灵活自主地确定存款利率的。从理论上来说，这种利率管理的方式也被称为存款利率的上限管理和贷款利率的下限管理。

值得注意的是，基准利率水平的确定绝不是闭门造车就能完成的，它必须考虑到一些宏观的经济因素，如全社会的资金供求关系、企业的利润水平、商业银行的利润水平以及物价水平等。

第七节　利率高，债券收益也一定高吗？

利率和债券收益不同，二者之间没有一定的联系，利率高，债券收益不一定高。

债券购买者都有这样的体会，有时候，债券的实际收益与票面上的利率不一定完全相同，有时比票面利率高，获得较高的收益；有时低于票面利率，降低了实际收益。利率和债券之间的关系便通过这些表现出来，在不同期限的债券上有不同的表现。

通常，利率调整会与债券收益成正比，与债券价格变动成反比。也就是说，当提高利率时，债券的收益率会随之上升，但是债券的价格会随之降低。

了解债券的分类，并对银行利率和债券收益率的区别有所了解是理解债券和利率的前提和基础。债券分为公司债券和政府债券两种。

1. 公司债券。

因为公司随时都有破产的可能，所以人们购买公司债券是一种风险投资。在购买债券时，已经确定了预期收益率和到期日期，现在银行的存款利率不断上升，说明同样的货币存入银行的收益率会增加。由于货币存入银行是没有风险的，因此人们就感觉到了持有债券的不划算，一是由于利率上升，会使公司的经营成本、盈利难度以及偿还难度都有所增加；二是利率上升后，货币存入银行的收益率会大于购买公司债券的收益率，这样，投资者就会将债券抛售，降低债券价格。

2. 政府债券。

中国发行国债时已经明确规定了收益率和到期日，同时也规定了投资每期所得到的利息。如果提高银行存款利率，就会提高存款收益，这样国债持有者就会觉得持有国债不赚钱，就会出现抛售国债的现象。但是在现实中，国债可能只有较小的收益率，但是风险也相对较小。

银行利率与债券收益成反比例变化，通俗地讲，即当银行利率提高时，债券收益率会降低，反之则相反。

货币市场基金收益主要由银行存款、短期债券、央行票据、回购协议等投资目标，投资所得的债券利息，债券的买卖差价，银行存款利息以及其他收入共同构成。通常，债券利息的高低、债券价格的波动幅度会对货币市场基金收益产生重要的影响。

相关学者表示，根据中国现在债券市场的发展状况，中国的债券市场将继续保持良好的发展态势，有望持续部分货币基金高收益的局面。

然而，尽管如此，货币市场基金的发展并非处于同一水平上，不同货币市场基金间存在着非常大的收益差距。另外，根据债券的价格是该债券未来收益的贴现原理，未来收益是固定的，如果提高贴现率，债券拥有越小的贴现值就会拥有越低的债券价格。

以上详细论述了利率和债券收益的关系，此外，债券的供求也会对债券价格产生影响。

第七章 美元的霸主地位是如何炼成的？

——美国操控货币与汇率的"伎俩"

金融是现代经济的核心，美元是国际金融的核心，它傲视群雄把全球货币玩弄于股掌之中，以霸主地位"绑架"着其他国家和经济体。那么，美国是用了怎样的手段，下了多大的力气，使美元由弱到强，成为世界主要流通货币的？美国又是如何成功使美元实现了权利最大化和义务最小化的呢？

第一节　汇率正在悄悄地发生着变化

汇率对国家经济有着重要影响。

汇率作为调节经济的重要杠杆之一，不仅会对一个国家内部的国民收入、物价水平等宏观经济变量产生重大影响，而且还会直接影响到国家与国家之间的商品之间的相对比价，进而影响到一个国家的国际收支平衡。

各个国家的货币汇率时刻都在变动着，但人们对汇率变动的原因可能并不十分清楚，甚至有人认为汇率的变动是政府的控制使然。事实并非如此，影响汇率变动的因素很多，汇率的变动并不是一国政府能够控制或者完全控制得了的。

经济全球化日益扩展，外汇和汇率即便是对于普通老百姓也是耳熟能详的名词，越来越多的人开始和它打交道，那么，外汇汇率究竟是根据什么来确定的呢？这并不是一个简单的问题。

外汇是国际汇兑的简称。一般情况下，一国货币只能在该国内部使用，出国后就不能在别的国家流通，需要把它兑换成国外货币才能进行正常的交易流通。但是在国家间的经济交往中，一个国家必然会和另外一个国家发生债权债务关系，这时就必须通过国际汇兑来进行处理。在国家与国家间货币兑换的过程中，两种货币相互兑换的价格或比率就是汇率。根据《中华人民共和国外汇管理条例》规定，外汇的范围主要包括以下五种：外国货币，包括纸币、铸币；外币支付凭证，包括票据、银行存款凭证、邮政储蓄凭证等；外币有价证券，包括政府债券、公司债券、股票等；特别提款权、欧元；其他外汇资产。也就是说，凡是以国外货币表示的，能够用于直接偿还对外债务、实现购买国际转移的外币资金或资产，就都属于外汇范畴。

一般情况下，外汇按照可兑换程度的不同，可以分为自由外汇和记账外汇两种。自由外汇称为自由兑换货币，是指在货币的兑换过程中不需要经过货币发行国批准就可以自由兑换成其他币种的货币，或者向其他国家进行支付的外国货币和记账凭证。当前，全球共有50多种货币属于自由外汇，但经常用到的主要有10多种，如美元、英镑、欧元、日元、瑞士法郎等。记账外汇则是指在货币兑换过程中需要取得货币发行国批准才能自由兑换成其他货币，或者向其他国家进行支付的外国货币和记账凭证，所以，它必须在特定的两个国家之间协定使用。

无论是自由外汇还是记账外汇，在把一国货币折算成另一国货币时都有一个折算价格或者兑换比率，这就是外汇汇率，简称汇率，也可以称为外汇牌价或外汇行市。

因为国家与国家之间发生政治、经济、文化往来所发生的债权债务关系最终都是通过货币来结算的，所以只要这两个国家之间使用的是不同的货币，就需要有一个货币的兑换比率作为计算依据，因而汇率的高低对于兑换双方都是非常重要的，它直接关系到哪种货币较为"值钱"，哪种货币较为"不值钱"的现实问

题。

在了解影响汇率确定的因素之前，我们必须了解汇率的种类。根据各国汇率制度的表现形式和银行业务的不同特点，汇率可以分为以下几种：

1. 从银行与客户进行外汇交易的角度来看，汇率可以分为买入汇率和卖出汇率。

买入汇率就是我们通常所说的外汇买入价，即是行买入外汇时的价格；卖出汇率就是我们通常所说的外汇卖出价，即银行卖出外汇时的价格。这里提到的买入和卖出，都是从银行的角度来说的，卖出价与买入价之间会形成一个差额，该差额就构成了银行买卖外汇的收益。此外，还有一个中间汇率，即买入汇率和卖出汇率的平均价格。中间汇率不是外汇业务中使用的实际成交价，它只在计算或预测汇率时使用，所以一般可以不用考虑。

无论是买入外汇还是卖出外汇，其标价方法都不一样，以下是主要的几个标价方法：

第一种，直接标价法——直接以外币为基准货币进行标价。

在外汇交易过程中，用一定数额的外币折合本币数量较少的汇率，就是报价方买入外汇的价格；反之，用一定数额的外币折合本币数量较多的汇率，就是报价方卖出外汇的价格。

第二种，间接标价法——直接以本币为基准货币进行标价，此时从外币来看就变成了间接标价。

在外汇交易过程中，用一定数额的本币折合外币数量较多的汇率，就是报价方买入外汇时的价格；用一定数额的本币折合外币数量较少的汇率，就是报价方卖出外汇时的价格。例如，伦敦外汇市场上英国某银行对客户报英镑兑马克的汇率是 2.4120，46（这是汇率报价的特殊表示方式，下文会提及）。这表明，对于该银行来说，英镑是基准货币，马克是外汇。该银行买入 1 英镑时卖出的马克数字是 2.4120，卖出 1 英镑时买入的马克数字是 2.4146。

2. 从不同角度区分，汇率又分不同种类。

（1）从银行买卖的角度区分，汇率可以分为买入汇率、卖出汇率、中间汇率和现钞汇率。

（2）从汇率是否受货币当局管制的角度区分，汇率可以分为官方汇率和市场汇率。

顾名思义，官方汇率就是指由国家中央银行和外汇管理局规定的汇率，市场汇率则是指外汇市场上通过供求关系形成的汇率。

（3）从汇率制定方式的角度区分，汇率可以分为基本汇率和套算汇率。

基本汇率是指本国货币与本国国际收支业务中使用得最多、外汇储备中比例最大的可自由兑换货币之间的汇率（一般是美元），这也是确定外汇汇率的基本依据。在基本汇率基础上，通过国际外汇市场上美元和其他主要货币之间的汇率来确定本国货币与其他货币汇率，称为套算汇率，也称交叉汇率。

（4）从外汇交易交割期限角度看，汇率可以分为即期汇率和远期汇率。

即期汇率要求买卖双方在成交后的当天（最多不超过 2 个营业日）交割完毕，远期汇率则可以在将来某个时间内进行交割。远期汇率与期货交易相似，需要在即期汇率的基础上加减升贴税。

（5）从外汇支付工具的付款时间角度区分，汇率可以分为电

汇汇率、信汇汇率和票汇汇率。

电汇汇率是银行通过电报方式通知国外分支机构或代理机构所使用的汇率，这也是目前常用的支付工具之一。由于电汇付款具有时间快、资金到账银行无法占用等特点，因此电汇汇率的卖出价相对较高。信汇汇率是银行通过信件方式通知付款时的汇率。由于这种方式需要时间相对较长，因此银行在这一期限内可以暂时利用这部分资金，因此信汇汇率的卖出价较低。票汇汇率是银行买卖外汇汇票时使用的汇率，分为即期汇票汇率和远期汇票汇率，即期汇票汇率比电汇汇率要低，远期汇票汇率则更低。

在了解了上述汇率品种之后，我们就知道决定汇率高低的因素主要有以下几个方面：

第一，两种货币的价值高低。

货币价值的高低是决定汇率变动的最根本因素。在金本位制度下，主要是看两种铸币中的含纯金量；而在纸币制度下，主要看两国纸币本身代表的价值量，即购买力。

第二，国际收支状况。

国际收支状况是决定汇率变动的主导因素。如果是国际收支顺差，则表明外汇供大于求，就会引起外汇汇率下降；相反，如果是国际收支逆差，则会引起外汇汇率的相应上升。

第三，通货膨胀率高低。

通货膨胀率的高低是决定汇率变动的基本因素。通货膨胀会使得货币在国内的购买力有所下降，同样也会相对于外币贬值，从而导致外汇汇率的上升。

第四，利率水平。

利率水平是决定汇率变动的短期因素。当不同国家的利率发生变化时，就会导致资金，尤其是短期资金产生国际间的流动，流动的方向是从利率低的国家流向利率高的国家。

第五，各国汇率政策和中央银行对外汇市场的干预程度。

政府的干预是决定汇率变动的政策因素。政府可以通过调整本国的货币政策和利率的变动来影响汇率，进而干预外汇市场，会对汇率水平产生施加影响。

在我国，人民币汇率从 2005 年 7 月 21 日起已经不再盯住单一的美元，开始形成和采取以市场供求为基础、参考一篮子货币进行调节的汇率机制。当天晚上，美元对人民币的交易价格就确定为 1 美元兑 8.11 元人民币，作为第二天外汇市场上银行间外汇交易的中间价，之后每天都要公布中间价作为标准。银行间的外汇市场，美元对人民币的交易价格允许在中间价 3‰的幅度内上下浮动。

第二节　金市位制——美元和黄金的那些事

1900 年，美国《金本位法》正式确立，美元确定了跟着黄金走。

"美元"（Dollar）并不是美国的本土词汇，而是来自遥远的波西米亚（Bohemia，今捷克境内）地区一个称为阿希姆斯塔勒（Joachimsthal）的小镇。Joachimsthal 的含义是 loachim 山谷。该山谷盛产白银，居住在这个镇上的里克伯爵（Count of

Schlick）铸造了许多1盎司重的银币，因为这些银币做工精美、质量标准，人们都非常喜欢，所以得以广泛流通，在当时，这种银币被称为"阿希姆斯塔勒"（Joachimsthaler）或"希里克斯塔勒"（Schlichtenthaler）。因为这两个名称都很长，使用不便，所以后来人们干脆简称它为"塔勒"（Thaler），但是在荷兰及德国南方一带，Thaler一词开头的辅音常常软化而变成"达勒"（Daler），当银币传入英国之后，按照英语发音将其拼写为"道勒"（Dollar）。

美国在独立战争以前，北美殖民地已经有人采用"道勒"的模具铸造1盎司重的银币，而北美殖民地的人们使用最广泛的银币是西班牙比索（Peso），无论其质量还是外形都与"道勒"非常相似，所以人们称为"西班牙道勒"（Spanishdollar），即西班牙元。

北美独立战争胜利后，为了显示与宗主国大英帝国不一样的"新人新气象"，刚刚获得独立后的美国将官方货币从英镑变成了美元，国会正式立法通过将"元"（Dollar）作为美国的法定货币单位。但是，由于当时在美国流通的贸易货币西班牙比索的含银量已经从1盎司降低到了0.8盎司左右，因此美元的最初价值也相应地被定为0.8盎司的白银。

美国宪法中有这样一项条款，即只有国会具有"铸造货币、调议其价值，并厘定外币价值以及制定度量衡标准"的权力，而且在宪法第一条第十款中明确规定，各州"不得铸造货币，不得发行纸币，不得指定金银币以外的物品作为偿还债务的法定货币"。也就是说，美国宪法从一开始就规定不得发行纸币，纸币更不能替代美元流通。之后，美国国会进一步决定，美元采用金银复本位制来决定其价值，按照当时颁布的《铸币法案》，1 美元折合 371.25 格令纯银或 24.75 格令纯金。

《铸币法案》同时还规定，美元采用十进位制，美元以下的辅币有 5 分银币（Half-disme）、一角银币（Disme）和贰角半银币（Quarter-dollor）。任何人都可以携黄金或白银到铸币厂铸成金币或银币，人们还可以用 247.5 格令金换得 10 美元金币，或者用 371.25 格令白银换得 1 美元银币。从中可以看出，美国当时规定的金银比价是 15∶1。也正是这个金银比的问题，让有些人从中看出了"挣钱"的门道。例如，法国政府于 1803 年将金银价值比规定为 15.5∶1，有人就在美国用 15 磅白银换 1 磅黄金，然后拿到法国兑换成 15.5 磅白银，然后跑到美国兑换成黄金，来回兑换，从中获得利益。

到杰克逊（Andrew Jackson）政府执政时期，美国发现国内的白银日渐增多，因此于 1834 年将金币贬值，规定 10 元金币的含金量减少到 232.2 格令金，但银币含银量不变。这样一来，1 盎司黄金的价格就变为 20.67 美元，而 1 盎司白银的价格则变为 1.292 美元（原来是 1.25 美元），金银价值比也变为 16∶1。你可能以为人们不会再在美国兑换黄金白银了，但事实并非如此，还是在兑换，只不过方向相反而已。因为此时法国的金银比率还是 15.5∶1，人们在法国用 15.5 磅白银换 1 磅黄金，然后跑到美国兑换成 16 磅白银……不论兑换还是不兑换，截止到 1857 年以前，美元都是标准的金币或银币，即使某个银行发行纸币，纸币上也都清清楚楚地注明"持有人可凭此兑取金币"或者"持有人可凭此兑取银币"之类的文字。这种纸币则被称为"金元券"或"银元券"。

1857 年，受经济萧条的影响，华盛顿联邦政府开始出现大规模赤字，1860 年 12 月，当美国南方各州纷纷脱离联邦政府时，北方政府的国库早已经空空如也，尽管当时美国联邦政府每天的支出费用仅为 17.2 万美元，可政府仍然没有足够的钱来支付国会议员的薪水。

1861 年夏天，美国南北战争打响，联邦政府每天费用支出迅速上涨到 100 万美元，到 12 月已经上涨到了每天 150 万美元。当时，联邦政府根本没有那么多的真金白银来支付相关费用，在这样的情况下，联邦政府最终宣布了废除金银本位。

但是为了筹措战争费用，无论是北方联邦政府还是南方联邦政府，除了增税、借钱之外，他们想到的第三种办法就是通过银行发行不兑现纸币，这就是著名的绿背钞（Green Back）。据统计，美国南北战争期间，绿背钞发行总额达到了 4.5 亿美元，占了当时美国全部流通货币量的一半，占联邦政府战争融资总额的 13%。毫无意外的是，绿背钞的使用引发了严重的通货膨胀，美国战时的物价是战前时物价的 180%。

但是，当时的美国政府依然把发行信用纸币看成紧急状态下一种不得已的行为，因此当战后经济逐渐稳定下来之后，美国国会于 1873 年通过了《铸币条例》，强调金币铸造的合法性；到 1875 年，美国国会又通过了《恢复硬币支付法案》，确定将以 1 盎司 20 美元的战前平价用黄金兑换绿背钞，以确保所有纸币都是可兑现纸币。由于 1873 年的《铸币条例》根本没有提及银币的铸造，因此，从这个意义上说，美国已经进入了金本位制时代。

然而从 1874 年起，美国西部各州相继发现了大型银矿，一时间，美国的白银供应量开始急剧增加。例如，内华达州银矿，

1873 年还只是产出了 64.5 万美元的白银，到了 1875 年，居然产出了 1612.5 万美元的白银，暴涨了 25 倍。雪上加霜的是，恰好在这个时期，主要的欧洲国家的货币制度纷纷从银本位或金银复本位制变为金本位制度，由此开始在市场上大量倾销原来作为货币储备的白银，导致国际市场银价开始急剧下跌。美国的银矿主们发现，如果没有 1873 年的《铸币条例》，他们仍然可以以 1 盎司 1.292 美元的价格出售白银给国家的铸币厂，但现在他们却要以远低于 1.292 美元每盎司的价格在市场上出售他们的白银。因此，利益受损的银矿主们联合当时的农场主群体，要求政府购买他们所生产的白银，并以 16∶1 的金银比价自由和无限制地铸银币。为此，他们甚至指责 1873 年通过的《铸币条例》是"1873 年之罪行"（the Crime of 1873）。这就是美国货币史上赫赫有名的银币自由铸造运动（Free Silver Movement）。就这样，美元体系等于又恢复了曾经的金银复本位货币制度。

随着美国银币铸造量的迅速上升，受供求关系的影响，白银兑黄金的价值不断下降，再加上欧洲多国都已经实施金本位制，人们开始用绿背钞、金库兑换券和银币等兑换美国国库的黄金储备。到 1893 年，美国财政部的黄金储备已降低到公认的最低安全额度以下。当时的人们担心美国的黄金储备很快就会消失，由此引发了 1893 年的经济恐慌，导致美国数千家企业破产，数百家银行倒闭。新上任的克利夫兰总统认为，美国爆发经济恐慌和萧条的根本原因是美国没有坚定地遵守金本位货币制度，因此他要求财政部无条件停止购买白银，随即废除了《谢尔曼购银法案》。

《谢尔曼购银法案》的废除严重影响到了白银运动相关利益方的利益，他们也不甘示弱，愈挫愈勇，因而使银币自由铸造运动达到了高潮，对于"是否坚持金本位"的货币制度成了美国南北战争以来最尖锐的全国性问题，并在1896年的美国总统大选中摊牌。当年的美国总统大选在共和党候选人麦金莱和民主党候选人布莱恩之间展开，而支持金本位制的民主党人——前总统克利夫兰甚至被分离了出去，以免影响民主党的选情。可以说，这是一场精彩的对决。布莱恩说："你们不应当把带刺的王冠按低压在劳动者的眼眉上，你们不应当把人类钉死在金十字架上！"布莱恩还谴责金本位制"是英国政策，会使美国成为伦敦的金融奴隶"。布莱恩的民主党发誓："要废除国民银行纸币，代之以一个政府发行的纸币，并且可以兑赎铸币，当然包括白银铸币……"

相比之下，麦金莱说："我们不能拿货币那样神圣的东西来赌博，人民党和白银党宣称自由和无限铸造银币，对我国的金融和工业利益是一个威胁，并已经产生了普遍的恐慌……这危及工商企业对国家的信心。"他还提道："共和党无保留地支持健全货币，自从1879年恢复硬币支付以来，每一美元都像黄金一样好。我们坚定不移地反对任何旨在使我们的货币贬值或损害国家信用的行为。除非与主要商业国家达成国际金银复本位制协议……现存金本位制必须维持……"选举的结果是支持金本位制的麦金莱以微弱优势获胜。

四年之后的1900年，同样的总统选举，同样的两个人，同样的议题，同样的论战，同样的结局，这次麦金莱以更大的优势获胜。布莱恩两次大选失败宣告了美国白银运动的彻底失败，金本位制在美国取得了最终胜利。1900年，美国《金本位法》正式确立，美元确定了跟着黄金走。

| 第三节　不得不提的美联储发展史 |

在金本位制确立之后，黄金成为美国唯一的钱，纸币和白银只是黄金的一个代表，是以黄金计价的商品，而美元就是黄金。不过，1913 年建立的美国联邦储备系统改变了这一切。

1913 年，美国国会通过了《联邦储备法案》，并建立了政治上独立的联邦储备系统，其主要职责包括监管银行系统、管理货币供应等。《联邦储备法案》规定，美国全国划分成 12 个联邦储备区，每一个区在指定的中心城市设立一个联邦储备银行，全国共有 12 家联邦储备银行行使中央银行的职能。首都华盛顿则设立了联邦储备委员会（Federal Reserve System），作为最高领导机构。

美国从建国之后就尽量远离欧洲事务，一心一意发展生产力，再加上制度先进、土地肥沃、人口适中等优势，经济持续发展，到了 1914 年第一次世界大战爆发时，美国的经济总量已经位居世界第一了，美元的地位日益突出，美元的威望也日益升高。

为了更好地"管理货币供应"，1914 年 11 月 16 日，美国的联邦储备银行开始发行一批称为"联邦储备银行券"（Federal Reserve Bank Notes）的纸片，其实这就是当今世界上使用最广泛的美元的正式名称。当然，根据美国当时的法律规定，持有联邦储备银行券的人可以在任何一家联邦储备银行将手中的

纸片兑换成黄金或其他任何法定货币。这里的"其他货币"指
国库券、金币、银币以及银元券等。可以说，当时的联邦储备
银行券只是美国政府发行的众多纸币中的一种，最多可以称为
"假美元"，而只有黄金、国库券、金币、银币以及银元券才是
真正的美元。

1914—1918年，欧洲正处于第一次世界大战期间，美国在
此期间大发一笔，其黄金储备翻了一番，经济总量更是超过了
英、德、法三国的总和，成为超级第一。

第一次世界大战期间，老牌欧洲强国诸如英、德、法等国家
都先后放弃金本位制，只有美国的联邦储备银行券根据美国《金
本位法》的规定，一直保持着黄金的可兑换能力，并且逐渐成为
公认的世界强势货币。甚至可以说，第一次世界大战的爆发和持
续促使联邦储备银行券由一国的普通纸币变成了非常重要的世界
货币。

但是，由于美联储于20世纪20年代在长时期内放松货币的
供应，导致1929年爆发了一发不可收拾的美国经济大萧条，进
而引发了扩及世界范围内的经济危机。即便如此，美元与黄金
20.67：1的兑换价值却一直持续到了1933年罗斯福当选为美国
总统之时。直到1933年4月5日，刚刚上任不久的罗斯福总统
就发布一道行政命令，要求所有人向银行交出金币、黄金券和金
条，以每盎司黄金20.67美元的价格兑换纸币或银行存款，就是
银行也必须向美联储上缴黄金，而任何私藏黄金者将被重判10
年监禁的重罪和25万美元罚款。

从此，美国就不再允许私人拥有黄金，更不必说拿着美元去
找美联储兑换黄金了。

1934年1月，美国又通过了《黄金储备法案》，将金价重新确定为35美元每盎司，但美国人民无权兑换黄金，该禁令直到1974年才被解除。

美国人民上缴黄金的时间还不到一年，他们拿到的美元纸币就贬值了70%。

宣称黄金价格为35美元每盎司，却不让人民拿纸币兑换黄金，这个规定颇为荒谬，其实就等于宣告纸币与0.888671克黄金等价，但是人民不能向美联储兑换，这是名副其实的霸王条款！

更不可思议的是，《黄金储备法案》通过之后，美国联邦储备银行券的回购条款标注了一个"小小的"修改，上面注明"本券是对一切公私债务的法定支付手段，可在美国财政部或任何一家联邦储备银行兑换法定货币"。需要注意的是，该修改去掉了原来的"可以兑换为黄金"，即从1934年开始，联邦储备银行券开始一步步地篡夺了真正的美元名号。

对此，罗斯福的前任总统胡佛有一个一针见血的评价，他引用了一句古老的格言，说："我们之所以拥有黄金，是因为我们不能相信政府，因为政府可以'通过操纵通货膨胀和通货紧缩来掳掠人民的储蓄'。"

另外一个意想不到的结果是，美国白银自由铸造运动的所有政治诉求在失败了33年之后居然在罗斯福时代重新得以实现。

原来，这时的白银价格相比黄金而言已跌至历史最低点，每盎司甚至低至0.3美元左右，罗斯福政府为了满足农场主、产银者、债务人关于在国内实现货币贬值、通货膨胀的要求，于

1933 年年底要求铸币当局以 1 盎司 0.6464 美元的价格购买国内新产白银，并建议财政部在国内外购买白银，直到白银市价达到 1.29 美元每盎司，这时候，财政部白银储备的价值已达到了黄金储备价值的 1/3。此举还促成了 1934 年 6 月的《购银法案》，该法案直到 1963 年才被废除。

从 1933 年年底到 1961 年，美国财政部一共花费了 20 亿美元购入白银，这使得美国政府拥有了全世界最大的白银储备，总量高达 60 亿盎司。

在购买白银的过程中，美国政府还发行了大量银元券。因此，从某种程度上说，美国又恢复成为金银复本位制的国家。

即使是在 1934 年之后的美国，联邦储备银行券也只不过规定了其黄金价值，而且并不允许人民用联邦储备银行券向政府兑换黄金，但毕竟还与固定黄金数量的价值对应，在发行量上不可能任意胡来。相比于欧洲各国在 1933 年之后全部彻底废除金本位制而实施信用纸币制度，美元还是要有信用得多。

第二次世界大战爆发期间，英、德、法等欧洲强国政府在信用纸币的数量上倾向于无限多发的事实再一次得到了证明。但是相比之下，无论是在没有参战阶段还是后来的参与战争时期，美国的 1 个联邦储备银行券至少名义上始终保持着 1/35 盎司黄金的固定价值。

整个第二次世界大战时期，在美国仍然能够买到大批物资，由于其价值长期保持稳定，美国的联邦储备银行券（或许该称之为"美元"了）因此变成了当时世界上最有信誉的纸币。

第四节　马歇尔计划是怎样影响世界的

1944 年 7 月，第二次世界大战已经接近尾声，44 个国家的经济特使聚集在美国新罕布什尔州的一个称为布雷顿森林的小镇上，他们有着共同的使命和任务——商讨战后的世界经济和贸易格局。

说是商讨，但以美国当时超强的国力和财力，实际上大家只不过是来"学习学习"而已。学习的内容是什么呢？当然就是美国财政部长助理怀特通告的美国对于第二次世界大战后世界货币金融体系的安排，然后由前任世界霸主英国提一些修补性的意见。

这次会议最终通过了《国际货币基金协定》，并决定成立一个国际复兴开发银行（世界银行）和一个国际货币基金组织，以及一个全球性的贸易组织（后来的关贸总协定）。

1945 年 12 月 27 日，参加布雷顿森林会议的 22 国代表正式在《布雷顿森林协定》上签字，国际货币基金组织和世界银行也随之诞生，这次会议的内容被称为布雷顿森林体系（Bretton Woods System）。第二次世界大战后的国际货币体系就此正式宣告成立。

值得注意的是，布雷顿森林体系明确规定，美元直接与黄金挂钩，1 个美元的含金量为美国《黄金储备法案》中规定的 0.888671 克黄金，其他各国货币则与美元挂钩，外国政府或中央银行可以随时按 35 美元一盎司的价格向美国财政部兑换黄金。

就这样，在国际货币体系中，本名为联邦储备银行券的美元取得了"等同于"黄金的地位，同时也成了其他各国外汇储备中最主要的国际储备货币。

绿纸片变黄金，引发了全世界人民和各国政府的"收藏热"。然而，问题在于，美元纸币如何走出美国，走向世界？又如何在世界范围内确立它的中心地位？否则，美国煞费苦心制定的美元货币本位制度岂不是"竹篮打水一场空"？

由于欧洲各国经济在第二次世界大战当中几乎被战火完全摧毁，布雷顿森林体系刚刚建立，时任美国国务卿的马歇尔将军就提出了欧洲复兴计划（European Recovery Program），声称美国应该援助欧洲经济从战争中恢复和重建，于是，很快有了大名鼎鼎的马歇尔计划（The Marshall Plan）。马歇尔在1947年6月5日的一场演讲中提出了援助欧洲计划，他宣告美国"已经为帮助欧洲复兴做好了准备"，并且号召欧洲人民要团结起来，共同规划一个他们自己的重建欧洲的计划，最后由美国为这一计划提供资金。这一援助计划于1947年7月正式启动，一直持续了4个财政年。在援助期内，西欧各国通过参加经济合作与发展组织（Organization for Economic Co-operation and Development, OECD）总共接受了美国包括金融、技术、设备等各种形式的援助合计130亿美元。

有趣的是，马歇尔计划的援助对象本来也包括苏联和所有东欧国家，但由于要求被援助国必须参与欧洲统一市场的建设，放弃部分经济主权等条件，苏联和东欧国家实行计划经济，还不会创造"社会主义市场经济"这一概念，因此断然拒绝了马歇尔这一援助计划。

随着马歇尔计划援助和稳定了西欧，美元也相应地在世界人民的心目中建立了无比崇高的信誉和威望。从 1945 年一直到现在，美元都是世界货币体系的绝对核心。

欧洲经济开始重建后，西欧各国为了进一步得到更多的美元，都大力提倡和鼓励向美国出口，为美国提供了大量真材实料的产品和服务。事实上，全世界除了美国以外的其他所有国家，为了增强自身的经济实力，为了得到更多的美元，都必须依赖于对美国的出口得到美元。这意味着美国只需把纸印成美元，放到世界上就能换想要换的东西。也因此，美国对外贸易一直处于逆差，世界其他大国几乎都处于顺差的经济贸易地位，并且一直持续到今天。可以想象，只要拥有印钞用的纸张和油墨，美国可以给世界其他国家提供不限量的美元纸币，想要多少有多少，这种世界货币体系的不平衡性对其他国家的影响有多么巨大。

第五节　美元"牛"势背后的政治逻辑

10 年或 12 年之内，美元将变成墙纸！

在介绍本节内容之前，我们先来听听 2009 年年底美联储主席伯南克在美国国会的听证实录。

议员："谁拿到了钱？"

伯南克："欧洲或其他国家的金融机构。"

议员："具体是哪个？"

伯南克："我不知道。"

议员："你给了数万亿美元，却不知道给了谁？"

伯南克："钱给了国外央行，他们再向本国机构注资，目的是压低世界市场急剧上升的短期利率。"

议员："那好，我们再来看看下一页有关美元名义汇率的问题。美元名义汇率当时上涨了20％，而这与你向外国人提供数万亿美元资金恰好发生在同一时间。你认为这是巧合吗？"

伯南克："是的。"

议员："我听说你将物价作为通货膨胀指标，认为单纯地印钞票不会引起通货膨胀，对这种说法我很好奇。那么请问，你认为什么会引起通货膨胀？"

伯南克："让我们好好地把这个问题解释一下。美联储并没有直接印钞票，然后把这些钱撒向整个经济体。我们只是为银行提供了新的准备金，这些钱躺在美联储为成员银行开的账户里，并没有被使用，并没有追逐任何商品。所以，只要那些钱还躺在那里，标识流通的广义货币并不会……"

议员："但那些钱并不会永远躺在那里，我们的目的也不是让那些钱永远躺在那里。或许这只是因为一些延迟……"

实际上，虽然美元一时升值，一时贬值，但不管怎样，它始终还是国际货币体系的核心。自2008年金融危机以来，美元的大幅度，甚至是自美元产生以来最猛烈、最快速的贬值将在5～10年之内出现。

就连美国CNBC评论员都在2008年金融危机之后在电视讲话中说道："美国官员也意识到存在这种可能性，即美元忽然出现无序下跌，他们将其描述为'无视基本面的疯狂抛售'。官员手中一定有一份'应急计划'，提前想好到时候该说什么或做什么。目前他们拒绝透露这份'应急计划'的内容，因为混乱的状况还未出现，他们只是做一些准备。就像防止一个国家忽然入侵，虽然这不太可能会发生，但毫无准备显然是愚蠢的。"

就像1971年尼克松总统突然宣布关闭黄金兑换窗口一样，美国自然有自己的解决办法，可美国固然只是从自身的利益出发，而其他持有美元储备的国家特别是发展中国家又该如何面临这样的难题？

彼得·希夫曾经在《美元大崩溃》一书中这样说道："我们正处在金融体系全面崩溃的边缘，现在所经历的只不过是一个序曲，真正的灾难才刚刚开始。"实际上，彼得·希夫早在2006年8月CNBC的一次电视辩论中，就以令人吃惊的准确性预言了2007年的房市崩盘和经济危机，而和他辩论的另一个经济学家Art Laffer后来却拒不认输，并辩称他当时有关"经济依旧欣欣向荣，房价仍将上涨"的预测"时限是9个月"……

美国得克萨斯州的一位共和党国会议员让·保罗也曾说过："美元最终会退出流通，届时所有人都将知道自己的资产究竟价值几何！"笔者估计，有95%以上的可能人会摇摇头说"不知道这个人"。让·保罗是和奥巴马、希拉里以及麦凯恩一起参加2008年美国总统大选的竞选者之一，希拉里后来放弃竞选给奥巴马让路，保罗后来也放弃竞选给麦凯恩让路。

让人感到奇怪的是，与彼得·希夫一样，恰恰是这些风云一时的人物，反而在有意无意之间被西方的主流媒体给"消音"了。

让·保罗本来是一位妇产科医生，1971年布雷顿森林体系的垮台促使他转入政坛，因为他不能容忍美元的蜕变。他说："听到这个消息（美元与黄金脱钩），我惊呆了，从那天起，金钱已经失去了真正的价值，只剩下政治意义了。"

经过这场席卷全球的金融危机，美元的问题再次暴露无遗。美联储对华尔街大银行的偏袒反而激起了更大的民怨。正是在这样的情况之下，让·保罗决定参加2008年总统竞选，希望寻求真正的改变。虽然最终放弃没有当选为美国总统，但他却在网络上赢得了更为广泛的民意，支持率极高，因此被称为"网络总统"。

2009年，让·保罗和他的民主党盟友艾伦·格里森一起发起了一项审计美联储的提案，并于当年10月获得美国众议院的通过。

用让·保罗自己的话来总结美元的未来："这不是什么新鲜事，历史上很早以前就出现过。古代君王无一不想控制货币，他们的手段五花八门，如切割、稀释金属币、印刷纸币……而到了今天，造假手段更加先进了，一切都可以在计算机上神不知鬼不觉地做。这就是为什么现在比以往更加危险的原因。"

其实早在1911年时，被誉为美国有史以来最伟大的经济学家欧文·费雪就曾经说过："不能兑现黄金的纸币对于使用它的国家来说，始终是一种灾难。"然而不幸的是，时至今日，这一灾难一直在国际社会中上演着。第一次世界大战结束后的德国马克、第二次世界大战结束后的匈牙利潘戈、阿根廷比索和墨西哥比索、津巴布韦币……10~20年之内，或许，当前的世界第一货币——美元也会陷入一样的境地。

当有"新末日博士"之称的鲁比尼在2009年11月指责伯南

克领导下的美联储采用的 0 利率政策助长资产泡沫时，另外一位"末日博士"麦嘉华干脆指出，10 年或 12 年之内，美元将会变成墙纸。

而在美国国内，美元的通货膨胀其实已经开始了。例如，在 NIA（美国国家通胀联盟）的视频里，有人列举了当前美国的物价状况："用 1 美元你能买到什么？饼干、1 包薯条，或者 1 瓶果汁，1 美元能买到这些东西已经很不错了……两年之前，1 瓶果汁只要 35 美分，可是现在就要卖到 69 美分，已经翻倍了，1 个青椰子在 4 个月前是 19 美分，可现在已经涨到 69 美分了，平均每个月上涨 40%～50%。这已经是恶性通胀了！然而因为这些东西的价位很低，人们并没有意识到这一变化。"

要知道，在世界的贸易史上，一直到第二次世界大战结束之前，没有谁会把纸存起来当财富，哪怕它是世界上最强大的国家的纸币。例如，在中国的宋代、元代、明代，尽管那个时候中国的经济总量差不多占了整个世界的一半，是当时世界上最为强大和富裕的国家，而且中国那时候也使用纸币，但世界其他国家来中国做贸易的人，没有任何一个人或国家会把一堆中国的纸币带回家当作财富来储存，他们要的是金银，或者是铜钱，如果不是金属货币，至少也要是中国的瓷器、香料、丝绸等实实在在的实物商品。

两次世界大战后，美元为什么可以成为世界货币？可以成为一种财富被全世界接受并储存起来？并不是因为美国拥有多少最终贬得一文不值的德国马克、法国法郎、俄国卢布或者贬值了一大部分的英国英镑，而是因为美国拥有占全世界 75% 的黄金储备。

如果是在布雷顿森林体系崩溃之前拿到了美元，人们至少还可以到美国财政部的窗口按照 35 美元每盎司去兑换黄金，而现在，美国政府能兑换什么呢？想想中国手头现有的美元，在美元猛烈贬值的情况下，能买到什么样的实物商品？这才是真正的财富。至于纸上财富，在变为现实财富之前，都只不过是数字而已，最多也只是一堆废纸。

正因为当前世界主要的大宗商品都是以美元来计价的，所以，无论是中国、欧洲、日本、中东还是其他任何卷入"全球化"浪潮之中而使用美元的国家和地区，都已经被美元绑在了一条船上，无路可退。美元的贬值已成必然，而这一轮金融危机真正结束之时，也一定是全球的货币体系重构之时，并无其他办法。

在某次达沃斯论坛上，金融大鳄乔治·索罗斯声称现在黄金价格是终极泡沫，而他旗下的索罗斯基金管理公司（Soros Fund Management LLC）却在前一年第四季度将其所持全球最大黄金 ETF-SPDR Gold Trust 的份额翻了一倍以上，成为该公司最大的一笔单体投资。或许，乔治·索罗斯所谓的"终极泡沫"就是指在世界货币体系重构之前，只有黄金才是真正的终极资产。而根据美国证券交易委员会（Securities and Exchange Commission, SEC）在 2010 年 2 月 5 日公布的文件显示，中国政府成立的从事外汇资金投资管理业务的中国投资有限责任公司（简称"中投"）以 1.556 亿美元的价格收购了 ETF-SPDR Gold Trust 的 145 万股股份。可以肯定的是，美元正在恢复它的本来面目——纸片。

第六节　一分钟读懂什么是货币离岸经营

其实，不论在国际贸易中，还是在世界货币大战中，货币离岸经营都发挥着重要的作用。

在国际金融市场上，货币离岸经营已成为一种普遍现象，但是对于广大的普通读者来说，这个概念可能还比较陌生。其实，无论在国际贸易中，还是在世界货币大战中，货币离岸经营都发挥着重要作用。下面我们将主要探讨美国是怎样争夺美元离岸市场的。

离岸经营的货币称为离岸货币。相应地，没有离岸的传统货币经营则称为在岸货币，前者的金融市场称为离岸金融中心，后者的金融市场则称为在岸金融中心。

离岸货币，是指存放在国外并且进行交易、不受货币发行国金融法令管制的货币。需要指出的是，这只是指银行存款，而不包括现金。例如，英国某银行吸收的美元存款就称离岸美元，新加坡某银行吸收的英镑存款就称离岸英镑，中国某银行吸收的港币存款就称离岸港元。

离岸金融市场，就是指所在国银行向该国的非居民提供存款、贷款、发行债券、票据融资等金融服务形成的市场。这里，应该特别注意"非居民"这个词，由于离岸金融市场的服务对象是非居民，因此它可以不受所在国家金融法规的管辖和外汇管制的约束。

离岸货币最早出现在欧洲，所以也称欧洲货币。在第二次世界大战后，美国为了推动本国的金融业向海外扩张，逐步在美国境外的其他国家（最早主要是在欧洲）吸存、贷放美元（欧洲美元）。20世纪60年代，随着欧洲国家的经济复兴，欧洲又在欧洲美元的基础上进行扩展，发展出了欧洲英镑、欧洲马克、欧洲法郎等离岸金融市场，统称为欧洲货币市场。随后，离岸货币进一步扩展到亚洲、拉丁美洲、中东等地，形成了一个个离岸金融中心。

离岸金融市场的发展并没有完全如美国人所愿，甚至对美国产生了一定的消极影响。虽然它为美国的跨国银行提供了重要的国际舞台，但客观上也削弱了美国对银行国际业务的监督和管理，削弱了美国金融市场的国际地位。并且，由于欧洲美元和美国国内的美元之间转换非常方便，因此欧洲美元市场的动荡也会直接影响到美国国内的金融市场。更不用说，随着欧洲美元市场规模的不断扩大，国际游资一次次猛烈冲击美国金融市场，美国甚至感到有些胆战心惊，所以迫切希望对离岸银行和离岸美元市场进行整顿和加强管理。

为实现这个目标，在1974年十国集团中央银行倡议达成的巴塞尔协议上，美国和其他30个国家同意对其离岸银行履行最后贷款人的职责，并于1980年决定，各国领土内的商业银行总行，要把它在全球范围内的账户合并起来计算资本充足率，以便各国能够统一监管离岸和在岸业务，减少欧洲美元市场的不稳定性，减缓对美国金融市场的冲击。

在此基础上，美国政府还集中注意力，开始筹划如何在自己的监管范围内进一步吸引离岸银行业务，以便于更好地争夺这一巨大市场。为此，美国推出了 IBFs 资产负债账户，创建了美国境内的"离岸"美元市场。

其实，早在 20 世纪六七十年代，美国金融界就已经发现，在美国境外离岸金融中心从事国际金融业务更有利可图。究其原因在于，这些地方的税收低、管制少，并且具有各种各样的优惠条件，调动资金也非常便利。所以，美国的跨国银行开始纷纷到伦敦、巴黎、法兰克福、新加坡、中国香港、巴哈马、巴拿马等离岸金融市场开设分支机构。可是这样一来，却引发了美国资金的大量外流，直接动摇了纽约的国际金融中心地位，美国国内每年至少要减少 40 亿美元的税收收入。为了解决这个问题，美国政府在 1979 年建议其他国家政府也通过各自中央银行对欧洲美元存款实行法定准备金制度，并且把部分欧洲美元集中到各自的中央银行去，目的就是减少欧洲美元规模，从而减少欧洲美元对美国美元的一次次冲击。

即便如此，美国仍然不放心，又提出要建立一个具有全球性的国际金融机构，通过公开市场活动来干预欧洲美元市场等一系列建议。

但是，美国的这些建议最终并没有变成现实。究其原因在于：首先，上述建议必须得到各国相互配合与合作才能实施，而每个国家都有自身的利益，都必须以自身利益作为出发点，对上述建议并不感兴趣，所以不可能统一行动；其次，欧洲美元市场规模已经非常庞大，要进行有效管理已经十分困难；最后，欧洲美元业务的既得利益者以种种方式抗拒合作，阻挠这种市场监管。

也正是在这种长期角逐未果的背景下，如果在美国境内开设

"离岸"金融市场，使得美国的银行不必通过境外离岸金融中心，就可以在国内享受到与境外离岸金融中心相同的待遇，这样就大大降低了美国银行开展国际业务的成本，有助于欧洲的大量货币回归到美国境内，便于美国金融管理当局加强监管和控制。美国联邦储备委员会于 1981 年 12 月 3 日批准建立了 IBFs 资产负债账户，在美国本土从事"离岸"美元业务。

具体而言，IBFs 的主要用途是专门处理非居民之间的存贷款业务。美国境内的美国银行和外国银行都可以吸收外币和美元存款，并且不受当时实行的法定准备金和利率上限约束，也不需要在美国联邦存款公司投保，还可以在美国任何一个州开展业务，可以享受某些州的税收优惠待遇。再加上它们吸收的外币和美元存款对象包括外国居民、外国银行和公司、美国在国外的银行和公司，并且所吸收的存款还可以贷给外国居民、外国企业以及美国在国外的附属机构（但必须用于美国境外），只是要求每一笔存取款金额都必须在 10 万美元以上。

由此看来，IBFs 的业务覆盖范围非常广泛。对于美国政府来说，它的最大特点就是存放在纽约 IBFs 账户上的美元视同于境外美元，与美国国内美元账户是严格区分管理的。

IBFs 的最大受益者是广大中小型银行，原来不方便到境外的离岸金融中心去建立分支机构，因为这需要庞大的资金投入；但现在不需要了，在美国本土就能就近参与国际银行业务的竞争，这从整体上大大提高了美国银行在国际银行业中的竞争力，带动了美国银行业和相关服务行业的发展，同时也让美国政府在吸引外国银行设立分支机构中取得了额外财政收入。

由于 IBFs 资产负债账户上总资产的 80% 在纽约，因此保证了纽约金融中心在国际金融市场中的地位，也大大提高了美国金融市场的国际化程度。更令人叫绝的是，这样做还不会影响美国原有的那套货币体系的正常运作，互不干扰。

实践表明，IBFs 资产负债账户在建立后的一年里，就有 400 多家美国银行和在美国的外国银行建立了这类部门，资产总额高达 1500 多亿美元。1995 年，这一数据已经上升到 4500 多亿美元，其中在美国的外国银行 IBFs 资产负债账户上的资产就有 3000 多亿美元。

尽管美国在本土开设"离岸"金融市场取得了很好的效果，但也有一些问题没有得到很好的解决。例如，离岸金融市场的借款人背景比较复杂，贷款数额巨大，从而埋下了贷款隐患；离岸账户和在岸账户之间很容易发生资金转移，这为黑社会洗钱提供了方便；银行结算电子化技术的发展，各国金融市场越来越开放，也在一定程度上削弱了 IBFs 资产负债账户的作用。

目前，人民币还不属于完全可兑换货币，所以从法律上来说还不能行使世界货币职能，人民币的海外离岸市场也无法形成。但是，我国国内的金融机构已经可以吸收外币存款并且发放外币贷款，有关离岸美元也已经在开始试点了。同时，上海证券交易所、深圳证券交易所也能用美元和港币计价交易了。此外，国内可以经营外汇业务的银行也能为客户提供不涉及人民币的外汇兑换业务（俗称"外汇宝"）。可以说，中国境内已经初步建立了其他货币的离岸市场。

第八章　如何才能不让血汗钱"不打漂"？

——"好金融"离不开"强监管"

　　金融市场处处充满着诱惑，很多人都想用最小的代价去获得最多的利益，甚至期盼着能一朝暴富，不劳而获。在金融活动中，充斥着诸如垄断、欺诈、投机等之类的事情……如今，金融体系比任何时候都更加需要监管。如何科学监管，如何在监管的同时保证金融发展和金融创新，保证不压制效率、不压制金融发展都是更需要花心思去探索的。

第一节　货币政策这只"无形的大手"

在第二届广东中小企业经济论坛上，国家发展和改革委员会中小企业司有关负责人透露，据初步统计，2008年上半年度，中国共有6.7万家中小企业倒闭。其中，作为劳动密集型企业代表的纺织行业中，倒闭的中小企业超过1万余家，有大约2/3的企业则面临重整。

在我国经济高速发展的今天，为什么会有这么多企业相继倒闭呢？这其中的原因是非常复杂的，既有大经济环境的影响，市场优胜劣汰的竞争，也与这些企业自身内部结构存在的缺陷和不足有关。此外，还有非常重要的一点——货币政策的影响。

以房地产市场为例。在2008年前后，房地产市场的过热导致房价一直大幅度上涨，股市也一度出现大幅飙升的情形。在这样的情况下，政府不由得开始担心，经济发展得过热，很可能会引发严重的通货膨胀。于是，为了紧缩房地产市场，抑制通货膨胀，中央银行开始采取紧缩性的货币政策，通过多次提高银行利率和银行存款准备金率的方式来对经济进行调控。

随着市场流动性货币的减少，国内消费形势变得越来越不

明朗，在这样的情况下，企业普遍都难以获得贷款，尤其是那些没有强大实力和规模作为支撑的中小企业。因此，在中央银行开展紧缩性的货币政策期间，出现大规模倒闭的中小企业也就不奇怪了。

可见，货币政策就像是一只无形的"大手"藏在市场经济的背后，不断校正国家经济的发展方向，对经济活动有着极其重大的影响。因此，在进行任何金融活动之前，我们都有必要对货币政策做一些更为深入的了解。

从定义上来说，狭义的货币政策指的是中央银行为了实现既定的经济目标，运用各种金融工具对货币的供给和利率进行调节，从而影响宏观经济的方针及措施的总和；广义的货币政策则指的是政府、中央银行以及一些其他有关部门所进行的，一切与货币有关的规定及所采取的影响金融变量的一切措施。

货币政策大致可分为紧缩性货币政策和扩张性货币政策两种。

紧缩性货币政策的特点在于通过削减货币供应的增长率来降低总需求水平。在紧缩性货币政策下，想要取得信贷是比较困难的，贷款的利息率也会随之有所提高。因此，当发生通货膨胀时，采用紧缩性的货币政策是较为合适的。

扩张性货币政策与紧缩性货币政策相反，其特点在于通过提高货币供应的增长速度来刺激总需求。在扩张性货币政策下，企业想要取得信贷是比较容易的，贷款的利息率也会相应有所下降。因此，当遭遇通货紧缩时，扩张性的货币政策显然会很有用。

为了达到货币政策的目标，中央银行往往会采取一些必要的措施和手段，这些措施与手段就称为"货币政策工具"。在过去较长的一段时期里，中国货币政策主要以信贷规模、现金计划等直接调控手段为主。1998年之后，间接货币政策工具则成为中央银行实行货币政策的主要手段。就现阶段而言，中国的货币政策工具主要包括存款准备金、再贷款与再贴现、公开市场操作、利率政策、窗口指导以及汇率政策等。

根据这些货币政策工具调节职能和效果的不同，我们可以将货币政策工具划分为三大类别。

1. 常规性货币政策工具。

常规性货币政策工具也称一般性货币政策工具。这类货币政策工具是中央银行最主要的货币政策工具，通常会对整个金融系统的货币信用扩张与紧缩产生全面性或一般性的影响。最典型的常规性货币政策工具就是中央银行的"三大法宝"——存款准备金制度、再贴现政策和公开市场业务。

2. 选择性货币政策工具。

选择性货币政策工具指的是中央银行针对某些经济领域或特殊信贷而采用的工具。这类货币政策工具的特征是侧重于银行业务活动质量方面的调节与控制，是常规性货币政策工具的必要补充手段。常见的选择性货币政策工具主要有证券市场信用控制、消费者信用控制、不动产信用控制、优惠利率以及预缴进口保证金等。

3. 其他货币政策工具。

除了以上两种货币政策工具外，中央银行有时也运用一些其他手段来作为补充性的货币政策工具，对金融活动中的信用进行直接或间接的影响控制。这些货币政策工具包括：信用直接控制工具——中央银行对商业银行创造信用的业务进行直接干预的措施，如信用分配、流动性比率、直接干预、利率限制、特种贷款；信用间接控制工具——中央银行凭借自身的特殊地位，通过磋商、宣传等方式对金融机构的信用活动进行指导。

第二节　银行也缺钱，存款准备金很必要

存款准备金是一种备用财富，其目的是保证支付。

很多人都遇到过在 ATM 机上取钱但是机器没钱或者钱不够的情况，这种现象是很正常的。但是，应该只有极少数人能够容忍这种情况出现，如果遇到要提取大量现金的时候，这种情况更是无法接受的。

存款准备金出现之后，人们这方面的担心就完全没有必要了。各商业银行按照中央银行根据相关法律做出的规定要求，将所吸收的存款的一定比例存入中国人民银行开设的准备金账户中，以此来调节自身利用存款发放贷款的行为。

20 世纪 30 年代，存款准备金制度在国家经济宏观调控上的作用还没有那么突出，它只是作为中央银行对商业银行信贷规模的一种控制手段。随着其自身的不断完善，存款准备金制度在国家宏观调控中的作用日渐突出。通常，中央银行决定存款准备金

的比例，中央银行要求的存款准备金占其存款总额的比例就是存款准备金率。

存款准备金分为法定存款准备金和超额准备金两部分。中央银行在国家法律授权中规定金融机构必须将自己吸收的存款按照一定比率交存中央银行，该比率就是法定存款准备金率，按该比率交存中央银行的存款为"法定存款准备金"存款。而金融机构在中央银行存款超过法定存款准备金存款的部分为超额准备金存款，超额准备金存款与金融机构自身保有的库存现金构成超额准备金（习惯上称为备付金）。超额准备金与存款总额的比例是超额准备金率（备付率）。金融机构缴存的"法定存款准备金"一般情况下是不准动用的。而超额准备金，金融机构可以自主动用，其保有金额也由金融机构自主决定。

存款准备金的特点是典型的规模可测、可控资金，只要"机构专业""规模合理""科学运营"，就会发挥既能控制"热钱""准热钱"，又能促进可持续发展的独特作用。

建立法定存款准备金制度，有助于在流动资产状况发生变动时稳定隔夜利率——缓冲职能；为中央银行提供了准备金需求的一个来源，从而可以补偿通过自发性因素产生的流动性资产供给——流动资产管理职能；可以作为一种控制货币总量的手段——货币控制职能；可以认为是中央银行收入的一个来源——收入或税收职能。

1984年，中国人民银行建立存款准备金制度，30多年来，存款准备金率经历了多次调整。从2010年1月到2011年3月以来，中央银行连续9次提高人民币的存款准备金率，经过2011年3月25日上调后，大型金融机构的存款准备金率达20.00%，中小金融机构存款准备金率也达 16.50%。

中国人民银行于 2011 年 4 月 17 日宣布，从 21 日起，存款类金融机构人民币存款准备金率上升 0.5 个百分点，这是中央银行自 2011 年以来第四次上调存款准备金率。2011 年以来，中央银行以每月一次的频率，在过去一季度里先后三次上调存款准备金率。同时，这也是中央银行自 2010 年以来准备金率的第 10 次上调。此次上调之后，大中型金融机构存款准备金率达 20.5% 的历史高位。

专家认为，中央银行对存款准备金率频繁上调的目的就是进一步收缩银行体系的宽裕流动性。中央银行每上调 0.5 个百分点，就能带来银行 3600 多亿资金的冻结。中央银行上调存款准备金率，对于调节资金的流动性、有效管理通货膨胀预期、消除由货币因素引起的通货膨胀是十分有利的，这种有利作用在通货膨胀压力较大、CPI 居高不下、房地产市场泡沫的情况下，效果更为明显。

第三节 再贴现政策的效果与局限性

再贴现政策是中央银行最早拥有的货币政策工具。

中央银行通过制定或调整再贴现率，对市场利率和货币市场的供应和需求产生干预和影响，从而对市场货币供应量进行调节的金融政策就是再贴现政策。商业银行或其他金融机构将贴现所获得的未到期票据向中央银行转让的过程就是再贴现。对中央银行来说，再贴现就是对商业银行持有的票据进行买进，使货币供应量得到扩大；而对商业银行来说，再贴现就是将已贴现的票据让出，使资金短缺问题得到解决。

商业银行将其贴现的未到期票据向中央银行申请再贴现时的预扣利率就是再贴现率，再贴现率的高低会对商业银行的再贴现需求，以及整体再贴现规模产生间接影响。

再贴现政策的作用表现在以下三个方面：

1.影响商业银行的融资决策，进而使放款和投资活动受到影响。

2.能够预示中央银行的政策意向，从而对商业银行及社会公众的预期产生影响。

3.确定票据是否具有再贴现资格，从而对商业银行的资金投向产生影响。

尽管再贴现政策有上述一些作用，但也存在着某些局限性。

首先，再贴现政策无法有效控制货币的供应量。其具体表现在：中央银行无法控制商业银行是否贴现，其地位比较被动；增加了中央银行的压力，使其控制货币供应量的能力下降；无论经济繁荣或经济萧条，商业银行都可能向中央银行申请再贴现或者借款，这就使中央银行对货币供应量的控制难上加难。

其次，调整再贴现利率只能对利率水平产生一定的影响，而不能改变利率结构。当市场利率高于再贴利率，而利差足以弥补承担的风险和放款管理费用时，商业银行就向中央银行借款，然后放出去；当市场利率高于再贴现率的利差，不足以弥补上述费用时，商业银行就从市场上收回放款，并偿还其向中央银行的借款，也只有在这样的条件下，中央银行的再贴现率才能支配市场利率。

最后，再贴现政策缺乏弹性。一方面，随时调整再贴现率会引起市场利率的经常性波动，打乱企业或者商业银行的经营秩序；另一方面，再贴现率不随时调整，中央银行就不能灵活地调节市场货币供应量，因此，再贴现率只具有很小的弹性。

再贴现政策主要有长期和短期两种。

中央银行较长期地采取再贴现率高于市场利率的政策就是抑制政策，其目的是收缩银根，使市场的货币供应量下降；而扶持政策就是要放宽贴现条件，使再贴现成本降低，放松银根，使市场的货币供应量增加。

短期的再贴现政策主要是指中央银行根据市场的资金供求状况，随时改变再贴现率，对市场利率造成影响，对市场的资金供求产生调节作用。

因此，只有重视并加强再贴现政策工具，推进社会商业信用票据化，使再贴现政策的各项功能得到大力发展，同时提高贴现和再贴现业务操作水平，才能确保再贴现政策发挥积极效应。

｜第四节　一文厘清公开市场业务的那些事｜

公开市场业务就是中央银行通过买进或卖出有价证券、吞吐

基础货币、调节货币供应量的政策行为。

在存款准备金制度、再贴现政策和公开市场业务三大货币政策工具中，唯一能够直接使银行储备发生变化的主动性工具就是公开市场业务，主动性和灵活性是其优势所在。但是公开市场业务发挥作用需要一定的先决条件，那就是证券市场必须高度发达，并具有相当的深度、广度和弹性等特征。

中央银行通过买进或卖出有价证券、吞吐基础货币、调节货币供应量的政策行为就是公开市场业务。目前，多数发达国家的中央银行控制货币供给量都采取这种工具，中央银行买卖证券的目的不同于一般金融机构，它不是为了赢利，而是为了调节货币供应量。

公开市场业务作为国家宏观调控中不可或缺的组成部分，其在国家经济发展中的作用主要表现在以下方面：

1. 对利率水平和利率结构产生影响。

公开市场业务不仅可以直接影响利率水平，而且可以间接影响利率水平。当中央银行大量购买有价证券时，就会引起有价证券价格上涨，利率下降，从而实现扩张政策。因此，中央银行可以直接对社会公众对不同期限证券的需求额以及利率结构造成改变。

2. 对贷款规模和货币供应量进行控制。

在公开市场买卖有价证券是中央银行影响金融市场状况的有效手段之一。中央银行在金融市场上资金比较匮乏时，就会在公开市场买卖有价证券，从而产生扩大信用规模，增加货币供应量的效应；反之，则相反。

3. 配合再贴现率使用。

公开市场业务通常与再贴现率政策配合使用，这样货币政策的效果会更加理想。

另外，公开市场业务还有如下优点：

（1）对银行存款准备金进行有效控制。

（2）较强的主动性使得中央银行的预期目标顺利实现。

（3）其产生的影响不会过于猛烈。

（4）伸缩性和逆转性较强。

对政府债券经常使用回购交易质押贷款的方式，债券经纪人先将一定的债券临时出售给投资者，并约定在一定的时间内以高价回收。

回购和现券交易是中国人民银行公开市场业务债券交易的两个品种。现券交易是指中国人民银行与交易对手在银行间债券市场或场外市场，以约定的价格，通过买断卖断的方式转让一定数量债券的所有权，并在规定结算时间办理券款交割手续的交易行为。随着近几年的发展，其特征主要表现如下：

（1）不断扩大交易对象。

（2）逐步丰富交易期限品种。

（3）不断拓展交易工具。

（4）尝试不同的交易方式。

（5）在积极开展回购交易的同时，加大现券操作的力度。

（6）制定相关的债券交易资金清算制度和操作规程。

公开市场业务的局限性表现如下：

（1）细微的业务操作只能较弱地影响对大众的预期和对商业银行的强制。

（2）具有较差的预告性。

（3）公开市场业务的影响力会因为各种市场因素的存在以及各种民间债券的增减变动而受到影响。

（4）只有交易双方配合积极才能促成交易的实现。

第五节　外汇储备越多，国家腰杆就越硬

外汇储备就是世界各国政府所持有的，有自由支配权的储备货币。所储备的外国货币必须是在国际上可以用于支付，被普遍承认、接受的货币，也称为外汇存底。

外汇储备是对国家经济进行调整，不管是对内还是对外，都使其达成平衡的一种重要手段。当国际收支出现逆差时，需要用外汇储备来填平逆差；如果国内的经济发展不平衡，需求大于供给，就可以用外汇储备来进口国内缺少的商品，调控经济至平衡状态。如果汇率出现波动，那么可以将外汇投入市场，让其稳定下来。除此之外，外汇储备还对发展国际贸易、吸引外国投资、防范国际金融风险起着重要作用。

2014年年底，美国与俄罗斯发生了政治冲突，进而伙同欧洲国家对俄罗斯实施经济制裁，整个俄罗斯陷入了货币贬值、通货膨胀的糟糕境地。为了挽救俄罗斯经济，政府决定将利息增加

至 17%，吸引存款，抑制通货膨胀。但是加息并没有达到拯救俄罗斯经济的目的，卢布的价格持续走低。为了解决危机，俄罗斯最终决定将外汇储备投入市场，以拯救卢布。

当天，俄罗斯财政部就与俄罗斯中央银行联合出售外汇，仅一天就向市场中投入了 2 亿美元，并且宣布手中还有 70 亿美元的外汇储备准备出售，誓要将卢布捍卫到底。经过政府的努力，卢布价格不断下跌的颓势终于停止了，并且逐步回升，解除了俄罗斯的经济危机。

储存在国外的本国货币也是非常重要的外汇储备。1998 年8 月，香港遭遇了国际金融大鳄的狙击，港币汇率发生剧烈的波动。在这种情况下，香港特别行政区政府调动了大量的外汇储备投入市场，国际金融大鳄的狙击没有对港币的汇率造成太大的影响，只好全盘退出，无功而返。

外汇储备对于调解国内外经济状况有着巨大的作用，但也不是越多越好。中国就有着数目惊人的外汇储备量，但大量的外汇储备也带来了许多的问题。

1. 大量的外汇储备间接降低了收入，提高了机会成本。

外汇储备是以储蓄的方式存放在银行里的，数额庞大的外汇储备如果用于投资或者进口，收益率将大大提高。

2. 外汇储备影响了国家货币政策的准确性和自主性。

我们知道，一国投入市场中的货币量是由该国的市场需求所决定的。大量的外汇储备不仅不能流通，还占据了货币总量的一部分。

3.大量的外汇储备会因为汇率变动而产生巨大风险。

以我国为例，我国的外汇储备量已经超越了日本，成为世界第一。我国外汇储备的结构相对简单，主要是以美元为主。一旦国际市场上美元的价值开始降低，那么我国外汇储备的实际价值就会开始减少，这些美元就会大幅缩水。而如果中美两国的外交关系变差，也将面临持有的美元资产被冻结的风险，会给我国的外汇储备带来重创。

4.外汇储备会对本国货币造成压力。

过多的外汇储备需要政府和中央银行使用更多的方法维持货币价值的稳定，抑制通货膨胀或紧缩。

综上所述，一国的外汇储备并不是越多越好，世界各国选择外汇储备的储备量和外汇种类也需要制订相应的计划，但总体来说，要遵守以下三个原则：

首先，安全性是管理外汇储备的根本原则。就如同投资一样，不管是什么时候，外汇储备都必须存放在经济实力较强、社会环境稳定的国家。哪怕是同样的国家，也要就其信誉高低进行一番筛选，并且对储存外汇的国家进行密切关注。而在币种的选择上，也要选择币值稳定的币种，价值经常波动的币种会为外汇储备带来不可预计的风险。

外汇储备除了现金和存款外，有价证券也是其组成部分。在选择有价证券时，要注意该投资是否安全，投资公司是否有国家机构进行担保，或者干脆直接购买国家债券。

其次，外汇的流动性非常重要。流动性能够保证外汇储备支付和兑现的便利性，而且兑现支付也要遵循低成本原则。世界各国在安排外汇资产时，要对本国的情况进行预测，制定动用外汇储备的政策，以备不时之需。除此之外，也要针对外汇储存国家的状况提前做好准备，以免出现兑换不流畅的情况。

最后，外汇储备要付出大量的人力物力，为了平衡这一付出，也要考虑到外汇储备的盈利性。为了盈利，金融机构需要制定科学的投资策略，对市场的走势进行合理分析，对外汇储备进行良好的运作，进行投资和交易，使其能够盈利。

以上三个原则就是世界各国进行外汇储备时所必须考虑的，但是"鱼与熊掌不可兼得"，就如同我们投资一样，高风险才有高回报，保证盈利性必然会降低安全性，而保证流动性也会降低盈利性。世界各国在选择外汇储备时，会在这三个原则中选择一个平衡。相对富有的国家会更加重视流动性和安全性，这样可以随时将外汇储备投入使用当中；而不是很富足的国家则更侧重于其盈利性，以便在外汇储备实现其价值时还可以增加价值、保持盈利。

第六节　那么多政府补贴可以领，不知道真亏大了

补贴是政府的一种援助。

一般来说，补贴在经济上指由政府提供金钱，以降低生

产者及消费者所面对的价格。获得补贴的通常是与公众利益有关的产品，如农产品等。补贴是政府对公众和企业的一种援助。

美国农业补贴条款主要适用于以下农作物：玉米、高粱、大麦、燕麦、水稻、大豆、油料、棉花、奶类、花生、糖类、羊毛和马海毛、蜂蜜、苹果等大约20种农作物，其中粮食、棉花、油籽和乳品生产是重点补贴对象。

可诉补贴是处于完全被禁止与不能自动免于质疑的补贴之间的一种情况，又称为黄灯补贴，可诉补贴的客观效果是判定其是否符合世界贸易组织规则的标准。

近年来，可诉补贴在世界各国普遍流行。借鉴他国的经验，中国的补贴政策也在不断完善，并取得了很大的进展。补贴是政府对产业的援助，但是区分政府的某项措施是否构成补贴的标准是什么呢？可通过补贴的构成要素来确定，通常政府或公共机构的财政资助以及该资助产生利益时构成补贴的两个要素，一项补贴要同时满足这两个条件。

补贴作为一种调控金融的手段，可以分为以下几种：财政补贴、禁止性补贴、可诉补贴、不可诉补贴和农业补贴。

从性质的角度来讲，补贴的直接受益者是老百姓，这也是补贴政策不同于其他政策之处。

补贴作为一种政府行为，是由中央和地方政府的补贴行为以及政府干预的私人机构的补贴行为两种构成的。

不可诉补贴是指那些根据反补贴协议的规定，不会招致其他成员方提起反补贴申诉的补贴，又称为绿色补贴。

补贴作为一种财政行为，要求政府公共账户中存在开支。

被补贴方一定要到从补贴中获得某种利益，通过政府的某项补贴计划，受补贴方获得了它在市场中不能取得的价值。

政府有选择或有差别地向某些企业提供的补贴就是转向补贴。

中国的财政补贴政策从 20 世纪 50 年代就开始实行，在维护国家和社会的政治、经济稳定以及人民生活水平稳步提高方面发挥了重要作用。

中国的财政补贴种类有很多，通过运用恰当的财政补贴政策，对于缓解因价格和利益关系变动带来的矛盾有重要作用，有利于顺利推进价格改革，维护社会稳定。

以粮、棉、油、猪为主的农产品价格补贴占到中国财政补贴的大部分。

农业在国民经济的发展中居于基础地位，农产品补贴增长越快，农业的发展就会越快，人民生活水平以及国家经济发展速度就会越快，中国的农产品补贴政策对于扶持农业生产的发展、增加农产品的生产量作用突出。可见，农业补贴在全部财政补贴中占有重要地位。

老百姓的生活是中国财政补贴的直接或间接受益者。通过财政补贴，政府保持了人民生活基本必需品，特别是粮油、猪肉、民用煤等价格的基本稳定，并在城市住房、水电、公共交通等方面实行低租金、低收费制度。

| 第七节　紧缩银根，也是种"救市"好法 |

紧缩银根通过调控货币流通量，影响着国民经济的发展和人们的生产生活。

市场上周转流通的货币量就是银根，当市场上的货币需求量小于流通量时，中央银行就会紧缩银根来减少货币的流通量。

一般来说，在资金需求量大、资产负债率高的行业和企业中，紧缩银根的影响最突出。另外，上市公司的业绩会由于某些原材料需求的相对减少而受到影响，以至于对股市的预期产生一种负面效应。

1. 对股市的资金供应产生影响。

受基础货币乘数作用的影响，国家调整存款准备金后将会直接或者间接地影响金融流动。基础货币所产生的乘数作用会影响信贷结构，并能够将管理部门对当前经济形势的认识反映出来，这些都在无声地传达着中央银行要紧缩银根的信息。因此，股市资金面上将不可避免地受到一些负面影响。

2. 对人们的心理预期产生影响。

国家调整货币政策的举措会使投资者感到当前货币政策偏紧，这就会极大地影响众多证券机构的操作和投资者对市场的信心。如果中央银行对货币供应和信贷规模的增速无法控制，那么

普调准备金率或通过利率手段进行调节就提上了日程，这样，一定会减慢未来的货币供应量增速，但是人们一旦产生这样的市场预期，投资态度就会更加谨慎，导致投资减少甚至撤回。

3. 对银行等上市公司产生影响。

对于那些资本充足率较低、资产不太好的银行，中央银行货币政策调控的信号会迫使其收缩信贷、控制风险。中央银行通过上调存款准备金率，紧缩银根将会严重影响社会经济和人们的生活。因此，需要谨慎考虑紧缩银根的时间问题，一般地，中央银行在实施银根紧缩政策时通常采用以下四种方式：提高存款准备金率、提高中央银行基准利率、调高再贴现率、买卖国债或外汇。

紧缩银根不仅可以减少泡沫经济，还能预防银行产生坏账的影响，为金融发展提供一个安全的环境。另外，紧缩银根对于抑制投机、减少对证券市场的资金供给量也有重要作用。

第八节 知道吗？出口退税也能创汇

出口退税在国际上是通用的，世界各国都在实行出口退税制度，不同的只是具体的退税政策而已。

出口退税主要包括退还出口货物在国内生产和流通环节实际缴纳的产品税、增值税、营业税和特别消费税，它可以极大地促进一国的外贸发展。

出口退税制度在国家税收制度中占有重要地位，它将出口货物在国内已缴纳税款退还，以使国内产品的税收负担得到平衡，使本国产品在不含税的情况下进入国际市场，从而增强与外国产品的竞争力，使出口创汇能力增强。

经过多年的实践，中国的出口退税制度才渐成体系，与其他税收制度相比，这项税收制度的特点主要表现在以下方面：

1. 收入退付。

不同于其他税收制度筹集财政资金的目的，出口退税的目的在于国家将出口货物在国内征收的流转税退还给企业，以减免税收。

2. 单一的调节职能。

中国实行出口退税的目的在于让企业的出口货物在不含税的情况下参与国际市场竞争，以此来提高企业产品竞争力，它的调节职能是单一性的，不同于其他税收制度的鼓励与限制并存、收入与减免并存的双向调节职能。

3. 通用于间接税收范畴内。

出口退税在国际上是通用的，世界各国都在实行出口退税制度，但是具体的退税政策在各国都不同。

中国出口退税的三点作用表现在：促使出口商品结构进一步优化，推动出口货物竞争能力的进一步增强；发展中国的对外贸易能力，使中国的出口创汇和外汇储备能力得到增强；改革外贸体制，提高经济效益。

实行出口退税制度，可增强中国调节国际收支及国际清偿的能力，从而使国际信誉得到维护，汇率得到稳定，为国民经济的进一步发展奠定了基础。

第九节　取消外企的"超国民待遇"，大势所趋

中国在同等条件下，对外商直接投资给予的待遇高于本国国民投资的待遇，这就是超国民待遇。

20世纪80年代初期，中国对外资企业采取了很多优惠政策，以此来吸收外资来华投资。但是随着国民经济实力的增强，这种优惠政策应该取消，不应该再继续施行下去。

根据《国务院关于统一内外资企业和个人城市维护建设税和教育费附加制度的通知》精神，从2010年年底开始，国家开始对外商投资企业、外国企业和外籍个人征收城市维护建设税和教育费附加，正式终结了外资所享受的"超国民待遇"。

国内很多专家很早就指出，国外的大量游资凭借着超国民待遇和技术、管理等方面的优势，在中国市场竞争中明显处于优势地位，这对本民族的企业竞争力造成了极大的削弱。

当前中国要转变经济发展方式，必须要建立公平有序的市场环境，因此，调整甚至取消"超国民待遇"也就成为一种必然。

取消外资企业的超国民待遇经历了一个渐进的过程，并不是一蹴而就的。全国人民代表大会、国务院从1994年就开始了

内外资企业税收制度的统一工作，中国入世以后，随着《中华人民共和国企业所得税法》《中华人民共和国反垄断法》和新《中华人民共和国劳动合同法》的实行，国家逐渐统一了内外资政策。2006 年，《商务发展第十一个五年规划纲要》的颁布标志着取消外资企业在中国的超国民待遇正式提上了日程。从 2008 年开始，内外资企业开始采用同一种税率，这成为取消超国民待遇历程上的一个里程碑。2010 年年底，开始对外资企业征收城市维护建设税和教育费附加，从此，彻底结束了外资企业的超国民待遇。

第九章　今天你透支了吗？

——关于信用的那些事儿

　　信用是依附在人、单位和商品交易之间形成的一种相互信任的生产关系和社会关系。你从别人手里能借到金钱数量，就是别人给你的信用额度。你的银行卡可以透支多少，那就是你在银行的信用。信用体系是现代金融体系的基石，信用可立可破，就看你怎么做。

| 第一节　信用，是金融交易的基石 |

先来看这样一个故事：

有这样两位农夫，他们的名字分别为皮耶和沙颂。沙颂有一匹非常漂亮的马，有一天皮耶到沙颂的农场，一眼就看中了这匹马，于是对沙颂说："这匹马实在太漂亮了，我愿意花 10 块钱来买下它。"

沙颂虽然有些不舍，但还是心动了，于是就和皮耶签下合约，以 10 块钱的价格把马卖给了皮耶。

一个星期以后，沙颂想来想去，始终觉得舍不得那匹马，于是去到了皮耶的农场，表示要把自己的马买回去。

皮耶感到很为难，他对沙颂说道："我确实无法满足你的愿望，朋友，我都已经花 5 块钱买了一辆新拖车了，我还指着马给我干活呢！"

沙颂一咬牙，说道："这样吧，我愿意花 20 块买回马，以及你新买的拖车。"

皮耶一听，默默在心里算了算，他只花了 15 块钱，却能在一个星期内多赚 5 块，是笔十分划算的买卖啊！于是皮耶一口答

应了。

就这样，皮耶与沙颂开始不断地就这匹马进行交易，同时在不断交易的过程中增加交易的商品，如拖车，以及其他的一些附属配件等。

后来，他们交易的东西越来越多，交易的钱也越来越多，以至于他们已经没有足够的钱来支付了。于是他们找到了当地的银行，打算向银行进行借贷。银行对他们的信用状况进行了审核，并查明了这匹马的交易历史，最终决定放贷给他们二人。每当完成一次交易，银行就能收回全部的放贷款项和利息，皮耶和沙颂的现金流量也在不断的交易中呈现几何倍数的增长。

数年以后，皮耶以 1500 美元的价格再次从沙颂手中买下了马。而这个时候，一名来自哈佛大学的商学硕士听说了这匹神奇的马，并做了一些精密的计算，最终以 2700 美元的价格从皮耶手中买下了它……

这个故事看上去有些荒诞且不可思议，但剔除这些戏剧化的情节和设定，我们可以看到，在皮耶和沙颂向银行贷款时，银行首先对他们的“信用”进行了审核，如果没有这些“信用”，那么银行显然是不会轻易放款给皮耶和沙颂的。而假如无法从银行处获得帮助，筹措到资金，他们的交易也就只能被迫中止了，之后那一系列的经济循环也就不会发生。可见，决定经济循环的关键因素，最终落在了“信用”这个环节上。

现代经济是一种极具扩张性质的经济，想要在市场竞争中占据一席之地，我们就必须借助负债来获得最新的技术设备，扩大生产规模，同时还需要借助各种各样的信用形式来筹措资金、推销产品等。可见，债权债务关系已经成为现代经济中最基本、也

最普遍的一种经济关系，而在这种经济关系中，"信用"依然体现着关键性的作用。

1996年，全球著名的咨询公司麦肯锡出版了一项名为《无疆界市场》的长期研究成果，该研究成果宣告说："谁掌控着全球资本市场的定价权，那么谁就掌控了全球资金的流向，也就掌控了主权国家的货币政策和金融政策，掌控了主权国家兴衰成败的命脉。那么试问，在当今世界，到底是谁掌控着全球债券市场和资本市场的定价权呢？答案是：以穆迪、标准普尔为代表的美国信用评级机构！"

可见，在现代社会，信用与金融已经密不可分了。正如麦肯锡公司所发表的研究成果中所说的，信用评级已经成为整个国际货币金融体系的命门和枢纽。如果没有良好的信用评级，那么无论是政府、企业还是任何金融机构，都无法进入国际债券市场，"信用"已经成为金融交易的基石。

在金融学中，信用指的并不是日常生活里人们说的"诚实守信"，而是有着其特殊的含义。金融学里的信用指的是以偿还和付息为条件而形成的商品或货币的一种借贷关系，或者说债权关系。

自古以来，信用和货币一直存在着密切联系，很早以前，货币借贷就已经存在了，并且货币借贷也是借贷最主要的形式。在资本社会之前，在金属货币制度存在时期，货币是独立于信用关系之外的。当进入资本社会之后，纸币的出现使得信用货币最终取代了金属货币，成为基本的货币流通形式。

我们知道，纸币与金属货币不同，它属于信用货币，即纸币本身是不具备价值的，它更像是一种契约关系，或者说是信用关系。因此，自从纸币出现之后，任何独立于信用活动之外的货币制度都不复存在了。相应地，任何货币运动，实际上都是信用活动。货币与信用建立起了不可分割的联系，而这个由货币和信用相互渗透所形成的新范畴，就是我们所说的金融。

因此，信用是金融交易的基石，没有信用，金融交易就不可能产生，经济循环也不可能稳定持续地运作下去。

第二节 商业信用——口碑不好，谁还与你做生意

商业信用是企业的灵魂。

如前所述，当代社会的经济生活中充满着各种类型的信用，有商业信用、银行信用、国家信用、消费信用、个人信用等，它们是市场经济健康发展的重要保证。在众多类型的信用中，商业信用具有很大的外在性，因此，它在一定程度上影响着其他信用的发展。

一个没有信用的企业是无法在市场中生存下去的。商业信用是随着市场经济的发展而逐渐产生并越发为人所重视的。根据马克思主义政治经济学原理，在商品经济条件下，各个企业在产业资本循环过程中相互依赖，由于企业之间在生产时间和流通时间上存在着不一致，因此商品运动和货币运动在时间和空间上会产生脱节。为了满足企业对资本的需要，商业信用应运而生，企业互相提供商业信用，保证了整个社会再生产顺利进行。这便是商业信用产生的根本原因。商业信用产生的另一个原因在于满足产

业资本的循环和周转、商业资本的存在和发展的需要。

商品信用的形式主要包括三种：赊购商品、预收货款及商业汇票。

1. 赊购商品。

赊购商品是一种非常典型的商业信用形式，分为免费信用、有代价信用和展期信用三种。

第一，免费信用指企业不需要付出任何代价就能取得的信用。通常来说，免费信用具有法定的付款期限，或者销售者所允许的一个折扣期限。

第三，有代价信用指企业需要付出一定的代价才能获得的信用，如支付定金等。

第三，展期信用指企业在超出销售者提供的信用期限之后，以拖延付款来强制获取的信用。很显然，这种方式违反了结算制度，对企业声誉有很大影响，是非常不可取的行为。

2. 预收货款。

某些时候，销货单位按照合同或协议约定，在付出商品之前，就会向购货方预先收取全部或部分价款，这种信用行为就称为预收货款。预收货款从本质上来说，相当于销货单位先向购货方借一笔资金，然后用同等价值的货物进行偿还，这也是一种非常典型的商业信用形式。

3. 商业汇票。

单位之间在按照合同规定进行延期付款的商品交易时，会开

具出一些能够反映债权债务关系的票据，这种票据就称为商业汇票。在开具商业汇票时，必须由有关方在票据上的签章。这种汇票没有地区限制，在同城或异地都能使用。汇票的承兑期限由交易双方共同商定，通常会在 1～6 个月。如果需要进行分期付款，则需要一次性签发若干张期限不同的汇票，不能只在同一张汇票上注明。

商业信用的本质在于主观上的诚信加之客观上兑现承诺的行为，从而获得的商业信誉。商业信用有以下三个特点：

第一，商业信用的主体是工商企业。

第二，商业信用的客体主要是商品资本，因此，它是一种实物信用。

第三，商业信用与产业资本的变动是一致的。

新中国成立后，中国商业信用的发展经历了三个主要阶段。

第一阶段：这一时期是商业信用的起步阶段。在国民经济恢复和"一五"计划期间，商业信用为中国经济的恢复发挥了一定的积极作用。

第二阶段：这一时期是商业信用的停滞阶段。从"二五"计划开始至 1978 年前，除采购农副产品和制造长期的大型设备可预付订金外，其余交易一律禁止运用商业信用。

第三阶段：这一时期是商业信用快速发展阶段。改革开放至今，中国商业信用的应用范围逐步扩大，并在市场经济中发挥了积极的作用，并将以越发强势的姿态去创造中国商业的未来。

第三节　银行不告诉你，信用是这样建立的

对于老百姓来说，"有钱存银行"可以说是生活中再平常不过的事情了，虽然近年来，越来越多的人愿意把钱拿出去进行投资或一些奢侈的消费，但"有钱存银行"的理念仍然在人们心中占据着重要的分量，因为对于普通人来说，把钱存进银行最有安全感。

那么，为什么人们都喜欢把钱存进银行？为什么人们会觉得把钱存进银行是最放心的呢？这就关系到银行信用了。

银行信用，是商业银行或其他金融机构对企业或个人的承诺及其兑现承诺的行为。在商品交易过程中，银行通过吸收存款的方式筹集资金，再用这些钱为资金不足的买方提供支持，同时也帮助卖方扩大销售，这种商业运行模式典型的例子有很多，小到我们现在俗称的"贷款买房""贷款买车"，大到企业向银行贷款，等等。这种模式以银行为中介，以银行信用为依托，以贷款的方式对国民经济各部门产生了巨大的影响。

银行信用之所以高于其他信用形式，主要原因在于银行对风险的防范能力。商业银行等金融机构以贷款的方式授予企业信用，贷款和还贷方式的确定是以企业信用水平为依据的，对不符合其信用标准的企业，商业银行会要求其提供抵押、质押作为保证，或者由担保公司为这些企业做出担保。正是由于银行对风险具有高度的防范能力，因此成为深受人们信赖的信用机构。

另外，除了银行的安全系数高以外，银行信用所具备的特点也是人们喜欢把钱存进银行的原因。从一定程度上来说，银行信用比商业信用更有优势，具体优势有以下几点：

1. 银行信用是以货币形态提供的。

银行贷款放出去的不是商品资本，而是从产业资本循环过程中分离出来的暂时闲置的货币资本，克服了商业信用在数量规模上的局限性。

2. 银行信用的借贷双方是货币资本家和职能资本家。

银行提供信用的形式是货币，克服了商业信用在使用方向上的局限性。

3. 在产业周期的各个阶段，银行信用的动态与产业资本的动态往往不一致，这与商业信用正好相反。由于银行信用是间接信用，银行只是存款人和贷款人的中介，因此它不同于其他的商业、证券经纪人，存款人对银行如何运用存入资金无权过问，所以，银行在资本主义经济中，逐渐由简单的中介人发展成为了"万能的垄断者"。

在资本主义社会的信用体系中，银行信用是主体，商业信用是基础。从直接信用和间接信用的关系来看，直接信用是基础，间接信用是直接信用的后盾。具体说来，如果没有银行信用的支持，商业票据就不能转化为银行信用，商业信用等直接信用也无法在较大的范围内发展起来。

因此，银行信用在社会经济发展中占有举足轻重的地位，它对其他信用起着一定的主导作用和促进作用，正是因为银行信用的存在，当代世界的商品经济才会如此繁荣，生机勃勃。

|第四节　国与国打交道要讲信用|

　　国家信用是可信度最高的一种信用形式。说起国债，相信大家并不陌生。近年来，国债已经成为个人投资的热点，相对其他的投资方式来说，国债收入稳定，并且更为安全。

　　国债并不是一个新鲜的东西，实际上我国很早之前就已经出现过"国债"这种募集资金的形式了。据记载，在战国后期，周赧王听信了楚孝烈王的话，以周天子的名义召集六国出兵讨伐秦国。他令西周公召集6000人马，却因为没有军费，无奈之下向富商地主们借钱。在那个时候，事实上周天子对六国的掌控已经十分薄弱了，六国根本不听周赧王的调遣。很快，周赧王向地主富户们借的钱就花光了，面对上门讨债的债主，周赧王毫无办法，只得藏在宫中的一座高台之上。成语"债台高筑"正是从这个故事中得来的。故事中周赧王以天子的名义向富商地主们借钱，以用于筹措军费，这实际上就是一种国债。

　　对金融知识有一定了解的人都知道，金融危机爆发时，银行等金融机构会纷纷倒闭，人们存在金融机构里的钱也化为乌有，因此，在这种时候，投资者对大多数金融机构都会持观望态度，不会轻易把钱拿出来。可就在这样危急的关头，国债却越发受到投资者的青睐，甚至出现"排队购买国债"的现象，不得不说是金融界的奇观。

　　国债之所以能成为经济不景气时期人们最热衷的理财工具，关键就在于它是以国家作为后盾，是国家信用的表现。国家信用是国家以债务人的身份获取的信用，它是指国家按照信用原则，

以发行债券等方式，从国内外货币持有者手中借入货币资金，因此，国家信用是一种国家负债。国家信用的基本形式是发行政府债券，包括发行公债、国库券、专项债权等。只要国家还存在，国债就不会像股票一样出现"退市"的情况。

因此，我们说国家信用是可信度最高的一种信用形式，它是国家实施财政政策，进行宏观调控的一种措施与手段。

国家信用的产生，主要是由于国家出现了财政赤字，需要国家发行公债来筹集资金周转。发生财政赤字的原因主要包括以下方面：

1. 战争。战争需要耗费大量社会财富，导致财政开支剧增，政府无力承担。

2. 政府腐败。政府腐败可能导致国家财政入不敷出，出现赤字。

3. 不当的政策。不当的政策会导致财政超前支出，造成赤字困难。

在和平年代，财政赤字的出现大多是由于后两种原因。国家要发展经济，要提高人们的生活水平，就必然要涉及开拓原材料工业、发展电力能源工业和交通运输，进行必要的市政建设，发展服务行业等。但是，这类基础设施建设耗资巨大，如果花销超过了国家财政负担能力，就会形成赤字。

通过国家信用，政府可以获得充足的资金进行周转，缓解财政赤字带来的危机。因此，国家信用不仅是一国政府的一种信用活动，更是国计民生的重要保证，是政府的可靠后盾。

国家信用的形式多种多样，通常包括以下几种基本形式：

1. 公债。

公债是一种长期负债，一般在 1 年以上或者是 10 年甚至 10 年以上。公债通常用于国家大型项目的投资、建设，发行公债一

般不注明用途和项目。

2. 国库券。

国库券与公债相反，它是一种短期负债。以 1 年以下居多，一般为 1 个月、3 个月、6 个月等。

3. 专项债券。

专项债券，顾名思义，是一种指明用途的债券，如中国发行的国家重点建设债券。

4. 财政透支或借款。

当公债、国库券、专项债券仍不能弥补财政赤字时，就要向银行透支和借款，弥补余下的财政赤字。但是，透支和贷款也有所不同。透支一般是临时性的，有的在年度内偿还；借款一般期限较长，一般隔年财政收入大于支出时（包括发行公债收入）才能偿还。

第五节　纠结，到底该不该超前消费

消费信用是由企业、银行或者其他消费机构向个人提供的信用。

前几年，一个金融学小故事在老百姓中非常流行，说的是一个中国老太太和一个美国老太太死后在天堂相遇了。中国老太太说："我攒了一辈子，临死前终于把买房子的钱攒够了。"美国老太太说："我还了一辈子，临终前终于把买房子的钱还清了。"

这个故事流行的时候，超前的消费方式还没有在中国"热"起来，那时候中国人羡慕着美国的借贷消费，感叹着两个老太太虽说都辛苦了一辈子，但美国老太太生前已经享受了很多年的大房子，而中国老太太却没有这个机会了。然而，短短几年的时间，中国人已经学会并习惯了这种超前消费，如今"按揭买房""分期付款"已然成了中国的热门词汇；而大洋彼岸的情形又如何呢？一个个没有还月供能力的"美国老太太"制造了一次震惊世界的次贷危机。这些问题，就涉及我们即将讲到的消费信用。

当今社会是快节奏的社会，人们对物质的不懈追求促进了消费意识的进步，如今我们已经进入了超前消费的时代，即现在的人们可以拿明天的钱来圆今天的梦。当然，使这一梦想变为现实的关键就是金融市场中的消费信用。

消费信用是由企业、银行或者其他消费机构向个人提供的信用。消费个人可根据自身消费情况，向企业、银行或者其他机构预支现款进行消费。其中，企业提供的消费信用包括信用销售和分期付款两种形式。信用销售俗称赊销，指的是卖方与买方签订购货协议后，卖方让买方取走货物，而买方按照协议在规定日期以一次性付款或分期付款的形式付清货款的过程交易行为；分期付款主要运用于某些价值较高的耐用消费品的购买上。

由于消费信用的存在，消费者可以购买自己经济能力以外的商品，大大刺激了商品流通市场，从而促进了商品的开发和生产。同时，消费信用对于新技术的开发、新产品的推销以及产品的更新换代也起着巨大的推动作用。但是，凡事皆有两面，这种超前的消费意识也不例外。

尽管消费信用对经济发展起到了很大的推动作用，但是，它也会受某些因素的制约。一般来说，制约消费信用的因素主要有以下几方面：

1. 总供给的能力与水平。

一般情况下，总供给的水平越高，消费信用的规模越大。

2. 居民的实际收入和生活水平。

消费信用不能超出居民的实际收入太多，否则就会发生次贷危机。

3. 资金供求关系。

资金越是供不应求，消费信用的市场就会越大。

4. 消费观念和文化程度。

它们制约着消费信用的普及程度和消费总量。

随着社会的发展，超前消费确实给我们的生活带来了很大变化。同时，超前消费缓解了市场的压力，使消费结构更加合理，反过来又起到了促进生产的作用，使生产与消费能够相得益彰、共同增长。

但是，在看到超前消费优势的同时，我们也要清醒地看到其弊端。由于消费意识超前，人们过度地追求物质享受，往往会产生不理性消费，最终难以填补超前消费的窟窿，成为社会的不稳定因素，长此以往，甚至会引发经济危机，造成整个经济系统的崩溃。因此，在享受消费信用带来的好处的同时，我们也要加强对这种信用形式的监管，同时提倡理性消费，对自己和社会负责。

第六节　个人信用：你的专属金融身份证

个人信用是整个社会信用的基础。

在北京工作的王某最近打算结婚了，并在郊区看中了一套商品房，打算购置下来作为婚房。王某很顺利地与开发商签订了购房合同，并交了 85 万元的首付款。正当王某想着办好了银行贷款就可以乔迁新居时，银行工作人员告诉他说，他有几次不良信用记录，可能无法通过贷款审批。王某这才想起，在自己刚参加工作时，曾有几次信用卡逾期还款记录，这使他的个人信用受到了影响，无法办理银行贷款。王某追悔莫及，说："想不到几年前的逾期还款记录会成了今日买房结婚的障碍。"

生活中，很多人有着和王某类似的经历。根据中国人民银行公布的数据显示，仅 2010 年第三季度，商业银行利用征信系统拒绝高风险客户信贷业务申请 661.9 亿元，预警高风险贷款 480.7 亿元。这些所谓的"高风险客户"正是由于往日的不良个人信用记录得出的结论。如果个人行为失去约束，会给个人和集体带来不可估量的损失。因此，个人信用体系建设具有极其重要的意义，每个人都应当珍惜自己的个人信用。

在现代社会，个人信用不仅显示着一个社会的道德风尚，更是一个国家经济发展的巨大资源。利用好个人信用，就能有效推动消费，优化资源配置，促进经济发展。随着市场经济的发展，个人信用的功能也随之增强。现在，评价一个市场体系是否成熟

的标志之一，就是个人信用体系是否完善。

具体说来，个人信用可以分为个人消费信用和个人经营信用两种形式。

个人消费信用，是指个人以赊账方式向商家购买商品，也包括金融机构向个人提供的消费信贷即贷款。个人消费信用主要用于购买耐用消费品，如房屋、汽车、珠宝，也包括各种劳务，如教育、医疗等。

个人经营信用是企业信用的人格化和具体化，即企业信用在经营者个人身上的集中反映。

近年来，中国人的信用意识已经逐步增强，人们越发感觉到信用与我们的生活息息相关，个人信用已经逐渐成为一个人的一笔无形资产。

例如，在办理信用卡时，信用状况良好的人能够获得更高的信用额度，而且，随着还款行为的累积，信用额度还会继续提高。反之，如果个人信用状况不好，则只能办理较低的信用额度，严重者甚至会无法获得办理资格。此外，随着利率市场化的推进，那些信用记录良好的优质客户不仅更容易获得银行贷款，还能享受到利率的优惠；而信用记录较差的客户在办理业务时会遇到重重阻挠，从而影响自己的生活。

不过，曾经的行为并不能代表永远，所以不良信用记录也不会永远留在信用档案中。大部分不良记录将在个人征信系统中保存 7 年，破产记录保存 10 年，查询记录保存 2 年。

个人信用是一个人最值得珍惜的信用，随着中国征信体系的进一步完善，个人信用对于我们每个人的日常生活所产生的影响将会越来越大。所以，我们在日常生活中要从一点一滴做起，全面维护自己的个人信用。

第七节 别总想让银行为你"埋单"

消费信贷作为金融机构产业的一大突破，其发展前景很是乐观。先来看下面一个故事：

小敏是村里很漂亮的一个姑娘，爸爸也总在人前夸耀自己的女儿，并承诺说将米一定要自己的女儿嫁个有钱人，并准备最好的嫁妆。

现在，女儿快要结婚了，婆家在附近的小镇上有一家种子公司，小敏的爸爸很是兴奋。女儿的婚期快要到的时候，爸爸也开始为女儿置办嫁妆，嫁妆不可以比别人差，要气派，像家电、摩托车、电动车之类的，别家都用过了，又由于资金短缺，所以，爸爸最终决定买一辆小轿车。但是，没有钱怎么办呢？

小敏的爸爸到县里办事时无意中听说可以在银行贷款买车，很划得来，每个月只要按时还 1000 多元钱就可以了。为此，小敏的爸爸心生一计，立刻跑到了银行大厅。回家后和妻子合计了一下，拿出了 3 万元去镇上车店交了首付，剩下的钱每月还 1000 多，限期 3 年。这下，难题解决了。

到了女儿出嫁当天，村民们看到陪嫁的一辆气派的小轿车以后都赞不绝口，小敏的爸爸更是十分高兴。

这就是消费信贷带来的好处，如果没有它的存在，国家的汽车行业也就不会发展得那么快了，人们也就不能提前过上自己想要的幸福生活了。

消费信贷是社会金融创新的产物，是商业银行开办的用于个人消费的贷款。国有商业银行为了适应体制改革和金融国际化发展趋势，开办了个人消费信贷业务，这就使传统的个人与银行单向融资的局限性被克服了，并且开创了个人与银行相互融资的全新债权债务关系。

消费信贷也是金融机构产业的一大突破，其发展前景很是乐观。在我们的生活中就有很多使用消费信贷的案例，例如，现在我们经常看到的按揭买房、按揭买车，还有那些为人熟知的国家助学金贷款、旅游贷款，甚至买照相机、计算机、手机等电子产品也都可以轻易使用按揭来分期付款。

据说，消费信贷是一种拉动消费、扩大内需的极其有效的一种方式之一，它能够促进经济的发展。可是，有些人也反对那种"今天花明天的钱"的做法，认为这样存在很大的风险。

由于消费信贷依靠的主要是信用消费，信用制度如果不完善，那么风险必然就会存在。就拿汽车消费信贷来说，有的购车者利用汽车公司的零利率等各种各样的信贷业务恶意骗取信贷，这些都是信用制度不完善所造成的严重后果。

所以，消费信贷也需要小心谨慎。因为消费信贷的发展状况与金融产业中全社会信用制度的发展状况密切联系，信用制度越高的社会，其消费信贷发展就越顺畅；反之，信用制度不完善的社会，人们对于消费信贷的热情就不可能高。试想一下，如果一个人的还款信用不高，金融机构又怎么敢给他信贷呢？所以，信用制度对消费信贷具有决定作用，而消费信贷就要依据一个社会的信用状况做出调整，不可一味地乱来。

第十章　如何玩转个人理财？

——打赢这场钞票"保卫战"

　　"攻城不易，守城更难"，面对不断调整的物价和利率，我们该如何保护自己辛辛苦苦赚来的血汗钱，使手中的财富升值呢？你不理财，财不理你。财富不会自己上门来找你，这就需要我们经得起诱惑，看得清行情，抓得住机会，千万别让理财流于形式。

第一节 理财不在钱多钱少，科学方案不可少

投资理财，是对闲置资金的合理利用，用钱来生钱。听起来简单，但实际操作起来确是一件非常艰难的事情。你的每一个决定都会影响你个人的生活条件、你的未来计划，甚至整个家庭的状况。所以，投资理财时切记不可头脑发热，不能打无准备的仗。想要做好投资，就要做大量的准备工作，制定合理的计划和方案，这样才能减少不必要的开支，让自己手中的资金获得应有的收益。那么怎样才是合理的运用手中的资金？一个科学的投资方案需要怎样的流程呢？

合理运用手中的资金，务必要保证以下几点：

首先，投资之前要审视自己的情况，并且根据实际情况制定投资方案和计划，不能盲目投资。

其次，要学会随机应变，计划是死的，人是活的。市场的瞬息万变不亚于大海，而一个聪明的船长一定要学会见风使舵，不要不撞南墙不回头。

最后，要抽出部分业余时间来对投资项目进行研究，对市场走势进行调查。要关注新闻动态，以能够在第一时间做出正确的

反应。没有学习就不会有进步，世界上没有天上掉馅饼的好事。

在投资的过程中，任何一笔资金都要合理运用，只有建立一个合理的投资方案才能避免时间的浪费和资金的损失。想要投资方案科学，就必须遵守以下几点：

1. 深入了解投资项目。

在投资前需要制订计划，那么一个合理的计划一定是建立在深入了解投资项目之上的。这样的计划才是一个具有可实施性的计划，才能做到知己知彼。一个不了解自己投资项目的人，遭遇到的风险可能大到不可预测。

老周家中经营着一个连锁药店，当老周从父母手中接过经营权时，也开始渐渐认识商场上的一些朋友。当时正赶上房地产业大火，房价飞涨，所有的房地产业投资人都在短短的时间里赚得盆满钵满。老周原本没有加入房地产大潮的心思，因为他对房地产业一窍不通。后来几个朋友找到了他，说可以大家一起合伙干。老周是个很相信朋友的人，于是就答应了。

大家签好了合同，也拿出了前期投资，准备风风火火地做房地产项目，老周也做起了一夜暴富的美梦。没过多久，朋友们就告诉他，前期的投资不够，需要追加投资。为了不让之前投入的钱打水漂，老周和朋友们一样，选择了追加投资。结果这笔投资并不是唯一的一笔，因为几个人都没做过房地产生意，对投资的估计严重不足，后续只能不停地追加投资，老周的资金开始捉襟见肘。资金的大坑总算填满了，但新的麻烦又来了。他们选择建楼的地方，挡住了该地其他住户的采光，尽管之前有过口头协议，但对方还是将他们告上了法庭。最终建了一半的大楼不能建下去，

投入的钱也打了水漂。无论跟谁谈起这件事情，老周总是懊悔地说，自己不懂的东西就不要投资，想要投资就要弄个明白。

2. 资金的使用不能随意，每一分钱都要花在刀刃上。

在日常生活当中，个人的存款使用相当随意，或许有什么喜欢的东西，价格在可接受范围内，就毫不犹豫地购买了。而制订了投资计划后，这种情况就要尽可能地避免。因为有时为了赚取更多的收益，需要追加投资；而有时会出现突发状况，投资的钱不能变现，也需要应急资金。

有人曾抱怨，他数次错失投资的大好机会，都是因为投资的资金被临时挪用了。原来他在结婚之前，就和女朋友制订了投资的计划，两个人的存款由他来运作。他的投资理财项目一直不温不火，直到快要结婚才迎来第一次机会。但是此时他结婚在即，这笔钱被挪用来装修婚房，于是他错失了第一次机会。第二次，他准备追加投资时，在妻子的强烈要求下，又将这笔钱作为首付，按揭了一辆私家车。每当想起这些决定，他都后悔不已，如果当初不按揭买车，而是追加投资，那么现在直接全款买车都足够了。

3. 理性投资，切勿头脑发热。

投资在某种程度上和赌博类似，都有着巨大的诱惑力，有着丰厚的利润，但也有着风险与陷阱。许多人沉溺于获得收益的快感，不停地追加投资；也有些人难以忍受投资失败的损失，不断地投入想要翻本。在投资当中，最为忌讳的就是赌徒心态，人失去理智时，就如同被蒙上了双眼，看不清事情的真相。在这种情况下，投资变成了不断吞噬资金的无底洞，会不断地消失。

小娴就有着这种困扰，不过不理性投资的并不是她，而是她的男朋友小天。两个人大学刚刚毕业就走到了一起，因为两个人家境都算不错，所以也没有太多的经济负担。就是在这种情况下，小天迷恋上了炒股。小天对炒股非常感兴趣，他很快就顺利上手，并且手上的几支股票都有了稳定的收益。但是投资从来都没有一帆风顺的时候，刚刚在股市小有斩获的小天也遭遇了自己的"滑铁卢"。年轻气盛的小天无法接受自己的失败，开始将自己的大部分工资投入股市中去。带着这种不理智的心态去投资，必然不会获得成功，于是小天屡战屡败。最终，他居然在小娴不知情的情况下，用两人的信用卡套现去炒股，结果依旧是惨淡收场。

市场随时都存在着难以预料的风险，所以务必要谨慎地对待投资这件事情。在任何情况下，投资者都不可失去理智，在头脑发热的情况下进行投资。疯狂地增加投资额，不仅不会翻本，反而会遭遇更大的风险。

第二节　理财要有规划，存钱要有门道

2016 年 8 月，据权威数据显示，中国居民储蓄率位于全球第一位，不仅是世界上储蓄金额最高的国家，也是人均储蓄金额最高的国家。有人说，投资股票提高了其风险性，投资 P2P 有跑路的风险，储蓄最简单，只要将钱存入银行就可以了。

存储，看似很简单，可是你真的会存钱吗？你知道怎么存钱

利息最多？怎么存款流动性最大吗？

其实，储蓄不是存钱那么简单的事情，千万不要以为银行储蓄就是简单地选择期限。这里也有很多的门道和学问，只有学会打理自己的存款才能积累更多的财富。

现在已经到了银行利率超低的时代，如果投资者只顾着埋头存钱而不好好规划和打理，可能不仅不能获得利息，还会倒贴给银行钱。因为你每年都要向银行缴纳一定的年费、转账手续费等。也就是说，如果把钱存进银行后就完全不管不顾，那么你的钱什么时候缩水了也不知道。相反，如果规划好了，不仅不影响资金的灵活性，而且能多拿一些利息。

所以说，储蓄存钱没有计划是不行的。每个人的情况不同，个人投资者应该根据自己的实际经济情况制订储蓄计划，并且严格按照计划进行，这样才能最终获得可观的利益。

如果你想学会如何存钱，可以按照下面几个存钱小技巧来提升获利水平：

1. 弄清楚自己的收支情况。

理财的最终目的就是最大限度地积攒钱财，并不是说非要成为富翁，而是应该不断地积攒自己的财富，为未来的生活提供保障。但是如果你弄不清自己的收支情况，不知道每月收入多少，支出多少，那么储蓄存钱只是空谈而已。因为想要积攒更多的钱，前提条件就是要弄清自己一段时间内的支出情况，然后减少不必要的支出。

2. 了解储蓄的种类，选择适合自己的储蓄方式。

储蓄的最大优势就是风险小、期限灵活、简单方便，但是收益相对较低。我们应该了解储蓄种类，分析其优势和劣势，然后为自己的储蓄制订计划。

按存款期限的不同，储蓄可以分为活期储蓄和定期储蓄两大类，而定期储蓄又可以分为整存整取、零存整取、整存零取、存本取息等类型。

活期储蓄期限灵活、存取方便，不过利率比较低；定期储蓄适合长期储蓄，期限比较固定，不过利率相对较高；零存整取利率也比较高。

3. 根据个人收入情况来制订储蓄计划。

对于大多数刚毕业的工薪族来说，个人收入较低，花销比较大，几乎攒不下多少闲钱。所以投资理财应该以资金的积累为主，必须养成储蓄的好习惯，即每月定期存入定额存款，一般最好是自己收入的 20% ~ 30%。不过这个比例也不是固定不变的，投资者可以根据收入和花销的具体情况进行调整，但是必须保证每月都要有存款。

对于已经成家的青年人来说，收入有所增加，生活基本稳定，但是花销也逐渐增加。买房、买车、养孩子等问题接踵而来，这时就需要重新制订自己的储蓄计划。投资者可以将重点放在继续保持家庭储蓄和合理安排家庭生活支出上，仍然坚持以储蓄为主，也可以适当地进行基金、股票、债券等投资。

4. 采取阶梯式储蓄的方式。

小马有 5 万元钱，想进行长期储蓄，但是又担心将来急用，所以就采用了阶梯式储蓄方式。他存了 1 万元 1 年期存单，1 万

元 2 年期存单，1 万元 3 年期存单、2 万元 5 年期存单。1 年后，他将到期的 1 万元改存为 5 年期存单，以此类推，这样一来就可以保持储蓄的流动性，还获得了较高的储蓄利息。这种阶梯式的储蓄方式比较适合中长期投资。

5. 采用分散式储蓄方式。

很多人想将自己的钱存为定期存款以获得较高的利息，但是又担心急着用钱时损失不必要的利息。面对这样的情况，投资者可以选择分散储蓄的方式。

小明手中有 3 万元，计划在 1 年内使用，但是并不知道用钱的时间和金额。于是他将 3 万元分为 4 张 5000 元的存单、1 张 1 万元的存单，存期都是 1 年。这样在急需用钱时，就可以根据所需金额来领取，避免动用大存单而损失不必要的利息。

6. 巧妙地利用工资卡，小钱也能增值。

对于上班族来说，工资卡就是一张活期储蓄卡，将工资长期存在工资卡中，不但会损失一笔利息，而且对自己的财产资源也是一种浪费。可以将工资卡中的钱自动转换为定期存款，而目前几乎大部分银行都有自动约定转存服务，只需要一个电话或是在网上银行操作即可。

7. 巧用 7 天通知存款。

通知存款非常适合手中有大笔资金，并且准备近期（3 个月以内）使用的储户。

肖飞手中有 50 万元现金，准备近期支付首付住房贷款，

余款打算投资股票。他选择了 7 天通知存款,持有 3 个月后,以 162% 的利率计算,利息收益为 2025 元。而如果选择活期存款,利率只是 0.72%,利息收益是 900 元左右。这样一来,肖飞不仅保证了用款的需要,还获得了比活期存款高出 1125 元的收益。

不过值得注意的是,如果投资者向银行发出支取通知后,在未满 7 天时就提前支取,那么利息就会按照活期存款利率计算。另外,银行规定了支取金额,如果支取金额不足或超过约定金额的,存款则按照活期存款利率计息。所以储户在办理通知存款时,一定要注意存款的支取时间、方式和金额,这样才能避免损失利息收益。

储蓄并不是简单的存钱,其实里面有很多技巧。想要实现存款收益的最大化,精打细算和良好的规划是必要的。只要灵活地利用储蓄种类和银行推出的特色附加功能,就可以使利息最大化,通过小小的积累成就巨大的财富。

第三节 不可或缺的商业保险

商业保险具有商业性质的盈利机制,它的保险对象既可以是人,也可以是物。

不久以前,赶上老同学聚会,多年不见的大学同学一起叙旧,毕业快 5 年了,在北京漂着的老朋友们各自有了事业,有的甚至已经创业,而有的更是成了经理、主管,总之日子

还行。

赵斌和李军碰上了，两人一起停下了车，李军看到赵斌开的是一辆新的雪佛兰，说道："最近怎么降低了档次？开的不是宝马了？"

"唉，不提了，我倒了霉，前段时间去郊区，车被偷了，气死我了。"赵斌道，"老婆发飙了，不准我开车，我这还是偷偷把她的车开出来的。"

两人一路走到包厢里，李军把赵斌丢车的事情告诉了老朋友孙杰，孙杰是做保险的，听后马上就来劲了，说道："那没什么！你赔了多少钱？"听这话，赵斌一头雾水，孙杰说道："一看就知道你忙，整天就知道赚钱。你买车的时候不都有车险吗？在我们工作圈内流行一句话'保险握在手，蚊子蟑螂都不怕'，你别告诉我你没有买保险哦。"

"对啊，我怎么忘了这事儿了？"赵斌立即给老婆打了电话，刚一接通就听到电话中传出声音："我的车是不是被你偷了？"大家听后，都笑了。

孙杰口中所说的保险其实就是我们所熟知的车险，一般情况下，购车时，售车公司都会附带送车险业务，为的是吸引顾客，同时也是汽车厂商和保险公司的相互合作，各取所需所达成的。这其中包含着一个金融学上比较常用的概念——商业保险。

商业保险，指那种保险企业通过与客户订立合同来达到盈利目的的保险形式。

商业保险是具有商业性质的盈利机制，它的保险对象既可以是人，也可以是物，物包括有形的和无形的，具体有人的生命和身体、财产以及与财产相关的利益、责任、信用等。与它的盈利目的相对应的一类保险就是我们经常会遇到的社会保险。

社会保险是指国家、社会对发生生活困难的社会成员给予物质帮助的社会保障制度，它的保险对象只可以是人，和商业保险有所区别。此外，社会保险同商业保险还有很大的不同点。

1. 社会保险强制，商业保险自愿。

社会保险都是依靠国家权力强制实施的，特别是基本保险一定要通过国家或地方立法来强制推行，是法定保险。没有立法之前，一般政府会通过行政或经济手段强制推行。而商业保险完全不同于社会保险，它是自愿性的，不能强制，是投保人和保险公司签订的有契约、有保障的保险。

2. 社会保险属于政府行为，有那种类似于商业垄断的垄断性质；商业保险则是企业行为，具有很强的但不稳定的竞争性。

社会保险的运营机构只可以是政府，而且必须由指定的部门或机构统一办理所有的社会保险，不允许同时有几个部门或几个机构办理同一个险种。而商业保险不同，似乎更为自由，因为公司可以开设、设计、经办任何一个险种，多家保险公司可以经办同一个险种，并在市场上公平竞争。

3. 实施社会保险不存在选择性，而商业保险有很大的选择性。

社会保险的目标是覆盖全社会，参加社会保险的是所有公民；而商业保险则不同，特别是一些险种，对年龄、收入、家族病史等有限制条件。

4.社会保险有统一的规范性，而商业保险更多的是自主性而非统一性。

社会保险基本上是在一国范围内统一规范保险的险种（我国规定现阶段的社会保险包括养老、医疗、失业、工伤和生育5个险种），每个险种的缴费比例都是统一的；而对于商业保险，每个保险公司开始的险种、险额各有不同，针对不同收入群体、年龄的人，待遇和缴费金额都不尽相同。

5.社会保险机构具有非盈利性的特质，而商业保险公司则具有盈利性。

国务院规定，社会保险机构的工作人员的经费全部由财政负担，不再提取管理费。商业保险公司盈利所得一部分归被保险人，一部分归保险公司。

6.社会保险是最公平的，商业保险则讲求效率，忽视公平。

社会保险强调人人平等，每个人都有权利，体现了社会公平性，不过它也会经常考虑效率。商业保险主要以盈利为目的，重点一般是效率，有钱投保就投，无钱就不投，也存在社会公平，因为与财富挂钩；钱多可以投高额保险，钱少保障就低。

7.社会保险公益性强，商业保险则不可能有公益性，即使偶尔表现出公益的某些特征，那背后也是利益在引导。

商业保险具有很强的商业性，自然不会只付出不要回报。社会保险是为全体社会成员的利益服务的，属于公益性事业。而商业保险只为自愿投保的那一小部分人提供合同规定的可能的保

障，而不可能为社会公众的利益服务。

8. 社会保险很安全，而商业保险风险性大，但也会更有效。

国务院规定，社会保险基金只能购买国债或国家发行的特种定向债券，不能进行任何直接或间接投资，政府要进行严格的管理、审计和监督。商业保险是保险公司拿投保人的资金进行投资，在投资运营中"自负盈亏"，投资高的回报也高，相应地风险也高，有时候，遇到高额保险，保险公司也要赔钱。

既然存在两种保险，那么我们该如何选择参加保险呢？由于社会保险是每个国民必须加入的，我们不可能有自由去选择不合作，也没有选择的可能，因为那是强制的，但是，我们难道就只可以在社会保险这个巨大的保护伞下面安度一生？事实上，我们仍然可以做出自由的选择，只要跳出社会保险这个大伞，看看社会上的商业保险，就可以高枕无忧了，因为这时候的你，有的不是一把单一的保护伞，而是双重保护伞，即商业保险加上社会保险。我们知道，社会保险对一些常见的、轻微的、费用比较低的疾病，如胃炎、肠炎、腹泻等的报销能够提供十分有力的保障，但是在一些重大疾病上，仅仅只有社会保险是远远不够的。因为社会保险只可能是福利性的、普遍性的，而不可能专门针对某个独立个体。所以，商业保险也有存在的必要，因为我们可以在重大事态面前获得社会保险不可能回报的收益。

总之，社会保险和商业保险在某种程度上实现了互补，它们有各自的优势，也有各自的劣势。

|第四节　卡奴之所以成为卡奴，就是不会用信用卡|

目前信用卡消费已经成为一种消费时尚和消费趋势，使用信用卡消费已经是最平常不过的事情。一张小小的信用卡具有很大的魔力，让无数年轻人追捧不已。信用卡是一种超前消费，工薪阶层在缺少资金的情况可以透支消费，这样一来不仅可以缓解经济困境，还可以得到自己想要的物品。

其实超前消费并不是什么坏的事情，可是一不小心就会变成"卡奴"，让自己的生活变得越来越糟糕。

黄某刚刚毕业，加入了一家不错的销售公司，她十分喜欢逛街购买价格昂贵的精品服饰。每次工资一发下来她就会到精品店购买自己喜欢的衣服和饰品，往往没过半个月就花光了绝大部分的工资，之后的生活只能靠省吃俭用来维持。

后来她发现银行可以办理透支消费的信用卡，这对于每个月工资不够花的她来说简直就是莫大的好事。于是她便兴致勃勃地办理了一张信用卡，由于她工作的公司信誉良好，因此银行给她办理了1万元额度的信用卡。可是，自从有了信用卡，她就变本加厉了，每隔几天就疯狂地购物，总是想买最好的衣服和饰品。

黄某在不同的银行办理了信用卡，几个信用卡相互倒换着用，拆东墙补西墙。在这种情况下，她欠下的债越来越多，变成了一个真正的"卡奴"。

其实，现实生活中有很多像黄某一样的"卡奴"，他们每天都过着透支信用卡的生活，支取一张信用卡的钱来弥补另一张信用卡的透支金额，拆东墙补西墙。他们拥有极强的购物欲望，穿着奢侈的衣物，享受着奢华的生活，可是却不得不奔波于各大银行还钱。

信用卡可以让人们享受"免息"的便利，但并不是代表信用卡就是"免费的午餐"。如果使用不当，不仅需要支付高额的利息，一旦出现了资金问题还会面临破产的危险。那么我们应该如何正确使用信用卡呢？如何才能避免让自己变成每天为信用卡忙碌不已的"卡奴"呢？

1. 了解信用卡的种类，尽量使用准贷记卡。

一般来说，银行信用卡有两种分类，一种是贷记卡，一种是准贷记卡。对于年轻人来说，准贷记卡是最合适、最符合其消费水平的信用卡。因为这种信用卡兼备了贷记卡和借记卡的部分功能，年轻人可以采用先存款后消费的形式，这样一来就有利于控制个人的透支额度，给自己的消费提供一个缓冲期，避免因为过度消费而使自己成为"卡奴"。

2. 计算好免息日期和利息。

很多人认为信用卡是"免费的午餐"，可以享受免息的便利。可是免息日期是有限制的，一般来说，各个银行的信用卡可以享受免息 50 天的优惠待遇。如果超过了该期限，就必须支付高达 18% 的年息和 5% 的滞纳金。所以从办理信用卡的那天起，就应该懂得如何计算利息和免息日期，别因为自己的疏忽而损失大笔

利息。

另外，使用信用卡还需要缴纳一些费用，目前各个银行的信用卡都要支付一定的年费，如果支取现金的话还需要支付3%左右的手续费。

3.选择最低还款方式，注意免息期的问题。

王某办理了一张信用卡，最近她用信用卡购买了价值8000元的笔记本计算机。因为她手中资金不够，所以选择了每月还付最低还款额的方式，每月只需还款1000元左右就可以了，大大地减轻了自己的还款压力。几个月之后，她还清了8000元的卡债之后就没有管这笔消费了。可是，等到她拿到银行寄来的对账单时，却发现银行的总账单比消费金额要多很多。

虽然最低还款额减轻了持卡人的还款压力，但是持卡人千万不要按照自己认为的最低还款额还款，应该按照银行对账单上的还款总额来还款，否则不仅无法享受免息期，还需要为未还款部分支付5%的滞纳金。

4.信用卡透支方便，但千万不要盲目消费。

当你资金紧张时，使用信用卡可以让你在短时间内获得充足的资金。正是因为如此，很多年轻人才肆无忌惮地消费，只顾着享受购物的快乐，却忘记了还款的压力，以至于每个月都刷爆信用卡，成为"卡奴"。

年轻人应该树立正确的消费观念，千万不要盲目消费。年轻人所持信用卡的数量应该控制在两三张，这样就可以避免过度消费，还可以避免因忘记还款日期而造成逾期，影响个人信用。

5. 不要延迟还款，也不要提前还款。

当持卡人延期还款时，需要支付 5% 的滞纳金，给自己带来不必要的损失。那么提前还款是不是就很保险呢？

有些人觉得每月还款太麻烦，或是怕自己忘记到期日而缴纳不必要的滞纳金，于是便提前打入一笔大款项，让银行慢慢地扣款。

其实这种方式也并不可取。因为存入信用卡的钱是不计利息的，无论你存入多长时间都不会获得收益。而且目前大部分银行规定，持卡人从信用卡支取现金，无论是不是属于透支额度都必须支付取现手续费。所以持卡人最好不要提前还款，更不要将信用卡当成借记卡。

6. 信用卡消费，信用最重要。

信用卡虽然是一种金融产品，却代表一个人信用的身份证明。如果持卡人按时还款，保持着良好的借记信用，那么信用度就会有所增加；如果持卡人经常透支或是长期逾期不还，就会影响个人信用。目前很多银行都非常重视个人信用度，如果一个人信用度不好，将被列入"黑名单"，甚至会影响个人贷款、住房贷款、出国办签证等重要问题。

总之，信用卡给人们带来了很多好处和便利，为人们开启了"卡时代"的大门。但是信用卡消费也具有一定的风险性和危险性，我们不仅要预防信用卡消费的风险，更要注意其安全性。

第五节 神奇而实用的"72法则"

随着经济社会的不断发展，人们的生活水平也在不断提高。除了满足正常的日常生活开销外，人们手里还有余钱。于是，就会出现一个话题，是把这些钱放在银行里呢，还是拿出来投资呢？很多人都拿不定主意。但是现在不用愁了，我们将会用神奇而实用的"72法则"来解决这个烦恼。

投资领域有句话：如果你会使用"72法则"，那么你将有更高的概率成为富人。那么，什么是"72法则"呢？

"72法则"，指的是以1%的复利来计算，经过了72年后，本金会变成原来的一倍。同时，用72除以复利收益率，就能得到本钱翻一番的时间。其实，"72法则"的神奇之处就在于能够帮助投资者选择最合适的投资方式，使得投资者能够得到丰厚的回报。

下面的例子会让你很直观地感受到"72法则"：

假如某企业的年均收益增长率为20%，那么需要多少年才能使该企业实现年收益翻一倍的目标呢？

运用"72法则"，可以得知，3.6年之后，企业的收益就翻了一番。

假如某企业在9年内年均收益翻了三番，那这9年内的年均收益增长率为多少呢？

根据"72法则"，9年财务收益翻三番，即平均3年翻一番，

那么年均收益增长率就为72/3=24，也就是说，该企业9年内的年均收益增长率为24%。

假如某人现在手里有2亿元人民币，如果想要在5年内变为8亿元，那该选择每股复利为多少的投资产品才能达到这个目标呢？

根据"72法则"，可以算出，当年收益率为28.8%时，初始投资额2亿元经过2.5年后会变成4亿元，而再经过2.5年后，会实现8亿元的收益。

如果将"72法则"延伸开来，我们还可以利用这个法则来计算出自己实现最终投资收益的合理时间。例如，如果某人希望以8%每年的增长率积累财富，并且在35岁时达到100万元，那么根据"72法则"，72/8=9，即最终要想在35岁时实现目标，所需要的时间将是9年。因此，这个人就必须在26岁时就开始投资，才能在35岁实现目标。

除了可以计算投资收益的合适时间，"72法则"还可以用来计算货币的贬值时间。例如，假如现在的通货膨胀率为3%，那么72/3=24，即24年后，手里的100元钱只能买到现在50元就能买到的商品或劳务服务。

这个法则对于投资人，特别是初学投资的人来说是非常必要的，也是最佳的参考标准。例如，某投资人有10万元用于民间借贷投资，而民间借贷公司的投资回报率每年为12%，此时，我们利用"72法则"就可以计算未来几年后会翻一番，即72/12=6，即该投资人投资该民间借贷6年后可以获得10万元收益。

"72法则"的用处还有很多，如还可以帮助投资人找到最合适的投资方式。例如，假设某投资者现在手里有50万元人民币，他希望投资30年后金额变为200万元。那么，我们就可以帮助该投资人找到最合适的投资方式。首先，我们需要计算该投资人30年后本金翻一番所需要的投资收益率，即72/30=2.4，即年均收益率达2.4%。该投资人的初始投资金额为50万元，期望值为200万元，也就是翻了两番，所以投资人需要选择年均收益率达到2.4%×2=4.8%的投资方式就可以实现预期目标。根据现在的市场行情和经济环境，投资者可以选择收益比较固定的一些投资方式，如银行理财产品、国债等。

当然，"72法则"计算出来的数值与精确计算出来的数值相比还是会存在一定误差的，但是通过测算比较，它们之间的误差不到1%，误差比较小。所以，当手里没有复利表或者计算器时，简单实用的"72法则"可以解燃眉之急。而且，这对年轻人来说，更容易使投资目标明确，适时做出规划，以便实现自己的梦想。

在生活和投资决策中，"72法则"是一种很神奇且实用的工具。投资者掌握了"72法则"，也就掌握了投资效果，掌握了投资品种的收益率，掌握了投资方向，掌握了最优的投资方式，从而轻松赢得财富。

|第六节　打理好家庭财务，提高幸福指数|

近年来，随着各种理财方式的推陈出新，家庭投资渠道也

在不断拓宽，家庭理财已经成为众多家庭的重头戏，甚至有的家庭投资理财收入已经超过了工资所得收入。但在生活中我们发现，很多家庭在进行投资理财时，仍旧缺乏一定的技巧，尤其在资金安排方面，常常因为缺乏合理性而影响到正常的家庭生活。

居家理财对于每一个家庭来说都是天大的事，你的理财技巧决定了整个家庭的生活质量。但需强调，在进行任何理财投资之前，都必须确保我们的正常生活不受影响，家庭理财更是如此，你必须考虑到全家人的各项开支，任何一点差错都可能影响到家庭的幸福指数。

通常来说，我们可以将整个家庭的经济开支划分为五大类。

1. 日常生活开支。

日常生活开支是确保每个家庭能够正常运转的基础，是每个月都必不可少的财务内容组成部分。日常生活开支主要包括房租、水电、煤气、食品、交通以及其他与孩子相关的一切开销。

为了保证生活质量和家庭的正常运作，在进行家庭财务安排时，必须保证此项开支的储蓄额度。通常来说，我们建议大家可以为此项开支建立一个家庭公共账户，每人每月都按照一定合理的份额，将钱存入该账户。需要注意的是，即便每个月有结余，也不要随意使用这些钱，相反地，应该尽可能节约，将这部分资金当作今后生活的投资。

通常来说，为充分保证这一开支的比例和质量，建议每个家庭可以按照家庭总收入的35% ~ 40%来进行存储。

2.大型消费品开支。

每个家庭都会有需要添置一些大型消费品的时候，如冰箱、彩电等。这些东西虽然不是每个月的必备支出项目，但在有需要时，也是一笔较为可观的花费。因此，我们建议可以考虑以家庭固定收入的20%收入来作为大型消费品的开支存储。

相比日常开支的规划来说，这笔资金可以根据实际情况做灵活的安排与调整，如可以考虑作为将来购买房屋或进行装修的经费准备，也可以作为家庭活用储蓄的一部分。

3.娱乐开支。

娱乐是拉近家庭成员关系，提升家庭幸福指数的重要途径。现代化的家庭生活中，娱乐已经成为必不可少的一个组成部分。我们可以考虑将家庭固定收入的10%，甚至15%作为娱乐开支的预算。

通常来说，旅行、郊游、看电影、看球赛、听音乐会、进行体育运动等，都属于家庭娱乐的范畴。

4.投资理财项目。

合适的投资理财项目是每个家庭实现资本增长的重要手段，适合家庭投资理财的项目非常多，保守稳妥的有储蓄、国债等，风险较大、收益较高的有基金、股票等。当然，也有人会投资一些其他领域，如收藏。但无论选择哪一项投资，都必须考虑到个人所掌握的知识储备，以及家庭的风险承受能力等。为了不影响家庭正常生活，我们建议将用于投资理财项目的资金控制在家庭固定收入的 20% 左右即可。当然，如果暂时没有合适的投资方向，也不要急于进入投资市场，可以先将这笔资金以储蓄的形式保存起来，等待合适的投资时机。

5.家庭应急资金储备。

每个家庭都应该有一部分应急资金储备，这部分资金主要是为防患于未然而准备的，如家庭中突然增添了新成员，或者父母的养老等，都可能需要这部分储蓄来进行支撑。通常来说，我们会建议这部分储蓄大约占到家庭固定收入的 10%，具体比例可根据每个家庭的实际情况来进行调整。

这些开支储蓄项目一旦设立之后，就必须严格遵守，不能随意变动或半途而废，尤其要注意避免出现透支、挪用等情况，否则制订计划的意义也就不存在了。为了确保每一项开支都清晰明了，养成记账的习惯是非常必要的。一方面，记账能够让你更加了解家庭日常的消费习惯和消费途径，从而更好地制订下个月的消费支出计划；另一方面，通过记账情况，也有助于我们养成更科学的消费习惯，在一定程度上减少浪费金钱的活动。

俗话说："吃不穷，穿不穷，算计不好一世穷。"只有培养良好的理财习惯，我们才能真正做到衣食无忧，为幸福家庭打下坚实的经济基础。